Jejum

Como encontrar respostas e se aproximar de Deus

John Eckhardt

Jejum

Como encontrar respostas
e se aproximar de Deus

Tradutora: Lilian Badzmierowski

Vida
Melhor
2023

Título original: *Fasting for Breakthrough and Deliverance*

Copyright © 2017 John Eckhardt

Edição original por Charisma House. Todos os direitos reservados. Copyright de tradução © Vida Melhor Editora LTDA., 2017. As citações bíblicas são da *Nova Versão Internacional* (NVI), da Biblica, Inc., a menos que seja especificada outra versão da Bíblia Sagrada.

Os pontos de vista desta obra são de responsabilidade de seus autores e colaboradores diretos, não refletindo necessariamente a posição da Thomas Nelson Brasil, da HarperCollins Christian Publishing ou de sua equipe editorial.

PUBLISHER	Omar de Souza
GERENTE EDITORIAL	Samuel Coto
EDITOR	André Lodos Tangerino
ASSISTENTE EDITORIAL	Marina Castro
COPIDESQUE	Daniel Borges
REVISÃO	Hugo Reis e Fernanda Silveira
DIAGRAMAÇÃO	Julio Fado
ADAPTAÇÃO DE CAPA	Rafael Brum

CIP-BRASIL. CATALOGAÇÃO NA PUBLICAÇÃO
SINDICATO NACIONAL DOS EDITORES DE LIVROS, RJ

E37j

Eckhardt, John

Jejum : como encontrar respostas e se aproximar de Deus / John Eckhardt ; tradução Lilian Badzmierowski. - 1. ed. - Rio de Janeiro : Thomas Nelson, 2017.
208 p. : il.

Tradução de: Fasting for breakthrough and deliverance
ISBN 9788578609504

1. Jejum - Aspectos religiosos - Cristianismo. I. Badzmierowski, Lilian. II. Título.

17-42880

CDD: 248.47
CDU: 27-442.47

Thomas Nelson Brasil é uma marca licenciada
à Vida Melhor Editora LTDA.
Todos os direitos reservados à Vida Melhor Editora
LTDA. Rua da Quitanda, 86, sala 601A – Centro
Rio de Janeiro – RJ – CEP 20091-005
Tel.: (21) 3175-1030
www.thomasnelson.com.br

Sumário

Capítulo 1 - Senão pela oração e pelo jejum **7**

Capítulo 2 - Quebre todas as correntes **16**

Capítulo 3 - O jejum destrói demônios e fortalezas persistentes ... **23**

Capítulo 4 - Jejuar aumenta a força na guerra demorada **30**

Capítulo 5 - Jejuando para superar o espírito do medo **40**

Capítulo 6 - Jejuando para superar a dúvida e a incredulidade **45**

Capítulo 7 - Jejuando para quebrar o espírito da pobreza **50**

Capítulo 8 - Jejuando para quebrar os ciclos de fracasso e derrota ... **55**

Capítulo 9 - Jejuando para quebrar os espíritos da procrastinação,
       da passividade e da preguiça **62**

Capítulo 10 - Jejuando para alcançar a cura das enfermidades **67**

Capítulo 11 - Jejuando para alcançar a libertação da amargura,
       da raiva e da falta de perdão **71**

Capítulo 12 - Jejuando para alcançar a vitória contra a ansiedade
       e a depressão **78**

Capítulo 13 - Jejuando para alcançar a libertação da culpa **84**

Capítulo 14 - Jejuando para superar um passado doloroso **88**

Capítulo 15 - Jejuando para alcançar a libertação do vício em
       álcool e em drogas **93**

Capítulo 16 - Jejuando para alcançar a vitória contra a gula **97**

Capítulo 17 - Jejuando para ouvir e receber uma palavra do
Senhor **102**

Capítulo 18 - Jejuando para alcançar a libertação da impureza
sexual **108**

Capítulo 19 - Jejuando para quebrar maldições que duram
gerações **114**

Capítulo 20 - Jejuando para romper o poder da bruxaria, do
controle mental e dos laços impuros da alma **118**

Capítulo 21 - Jejuando para romper o poder de um espírito religioso **126**

Capítulo 22 - Jejuando para superar o espírito da carnalidade
e da indecisão **130**

Capítulo 23 - Jejuando para superar o espírito do orgulho..............**134**

Capítulo 24 - Jejuando para superar o ciclo vicioso do
retrocesso **139**

Capítulo 25 - Jejuando para alcançar o progresso no casamento **145**

Capítulo 26 - Jejuando para recuperar o que foi perdido **151**

Capítulo 27 - Jejuando para alcançar o progresso na vida dos
filhos **155**

Capítulo 28 - Jejuando para ver a salvação dos amados perdidos ...**163**

Capítulo 29 - Jejuando para derrotar as fortalezas na sua cidade
e no seu país **171**

Capítulo 30 - Jejuando para alcançar a unção em sua vida **185**

Capítulo 31 - Mantendo o progresso e a libertação **193**

Notas **201**

CAPÍTULO 1

SENÃO PELA ORAÇÃO E PELO JEJUM

Mas esta espécie só sai pela oração e pelo jejum.
— MATEUS 17:21

Você já ordenou, resistiu, orou, guerreou e clamou, mas ainda existem coisas que precisam ser eliminadas de sua vida. É hora de adicionar o jejum às suas táticas de guerra. Certas fortalezas demoníacas não admitem outra saída, nenhum atalho. É preciso jejuar e se humilhar até que a dificuldade se quebre e deixe sua vida.

Em termos de perversidade, há diferença entre os demônios. Há demônios que são mais fortes, perversos, impuros e teimosos; que são mais relevantes em hierarquia, habilidade e inteligência. Quanto mais longeva é a presença de um demônio em sua família ou em sua vida, mais difícil será removê-lo, pois as raízes dele se tornam profundas. Existem demônios, como a rebeldia, o orgulho, a bruxaria, o espírito de Jezabel, a pobreza e a miséria, que só podem ser expulsos com um alto nível de fé.

Às vezes parece que tais demônios jamais poderão ser removidos, de modo que as pessoas desanimam e se frustram, ficando com a sensação de fracasso. Em Mateus 17 os discípulos de Jesus encontram um menino endemoninhado e não conseguem curá-lo, por conta da falta de fé. Isso é o que nos impede de lidar com essas fortalezas. É preciso ter muita fé para remover o inimigo. O jejum ajuda a superar a falta de convicção e a tornar a fé mais forte.

Esta é a combinação sobrenatural que Jesus indicou aos discípulos em Mateus 17: oração e jejum. Não estou dizendo que você vai ganhar pontos com Deus se jejuar, nem que assim você estará garantindo as bênçãos divinas. Não se deve jejuar para alcançar a salvação, para agradar a Deus, nem para ir ao céu. Não existe lei que diga que você acabará no inferno se não jejuar. O jejum é feito em nome do progresso e do reavivamento, em nome da família e de todas as pessoas amadas; pois as armas desta guerra não são carnais, mas poderosas em Deus!

Existem situações que exigem jejum e oração. Não há como escapar. Alguns tipos de demônio não desistem. Esses demônios são fortes, orgulhosos, arrogantes e desafiadores. São espíritos conhecidos que perpassam sua família. Mas você precisa atingir o ponto em que, independentemente de quão falha sua família for, você diz: "Isto termina agora. Não vou deixar passar para a próxima geração. Acabou, demônio. Se minha avó ou meu avô não se opuseram, se minha mãe ou meu pai não o derrotaram, então *eu* vou derrubar você. Eu me recuso a ser pobre, falido, a estar doente, a ser rejeitado, confuso... Não!"

Às vezes é preciso fazer algo incomum, extraordinário e que fuja à norma, para alcançar algum progresso. A espiritualidade mediana, o cristianismo mediano, a pregação e a oração comuns não conseguem resolver o problema. A religião não consegue resolver o problema. É preciso uma unção que destrua esse jugo. O jejum eleva a unção em sua vida porque mergulha você no Espírito. A autoridade, o poder e a fé divina ganham vida quando você deixa algumas coisas de lado e jejua. Você verá como se tornará cada vez mais forte. Gritar não vai adiantar nada; apenas essa unção resolve.

O capítulo 58 de Isaías fala sobre como podemos jejuar para quebrar todos os jugos, para aliviar os fardos mais pesados. O jejum abre caminho para o oprimido se libertar. O jejum quebra algemas e traz avivamento. Quando se lida com um problema importante — talvez você esteja lidando com algo que não saiba enfrentar —, o melhor a fazer é deixar a comida de lado por um tempinho. Ore contra esse problema. Talvez ninguém possa ajudar você e talvez você não saiba como superar o problema, mas para Deus tudo é possível.

Conforme você jejua e se humilha, a graça de Deus recai sobre sua vida. O Senhor se tornará sua força vital. O que você não pode fazer na carne, poderá fazer pelo Espírito de Deus; porque não é por força ou poder mundanos, mas pelo Espírito do Senhor que se removem montanhas!

Veja, situações extraordinárias exigem medidas extraordinárias. Às vezes as coisas só acontecem quando você se desespera — quando cansamos da sensação de derrota e atraso em algum problema.

Vamos buscar vitórias que nunca aconteceram antes. Vamos fazer progressos nunca antes vistos. Vamos buscar milagres que nunca vimos antes. Vamos expulsar demônios que nunca foram expulsos. Vamos quebrar maldições antes inquebráveis. Vamos desenterrar problemas de gerações que jamais foram desenterrados. Vamos buscar a mudança! Não uma vez, nem duas vezes. Nem mesmo por três vezes. Se você precisar jejuar mais vezes que isso, jejue. Não desista. Persevere. Siga em frente até ter certeza da vitória, até ter feito progresso, até perceber que alguma coisa se quebrou!

É preciso se cansar do diabo a ponto de dizer: "Já basta. Se eu preciso virar meu prato de ponta-cabeça para fazer progresso nesta área, então não vou comer." Quando seu estômago começar a roncar, diga-lhe para parar. No fim das contas, você vai conquistar a vitória! Que seus inimigos espirituais sejam esmagados e consumidos, em nome de Jesus!

É preciso determinação: "Nenhum demônio vai controlar minha vida. Eu sou filho de Deus; e aquele que o Filho liberta é verdadeiramente livre. Não me importa quão teimoso seja este demônio, nem o quanto ele tente se agarrar à minha vida, vou quebrar cada dedo das mãos do inimigo. Vou quebrar seu pulso, seu braço... Diabo, você não pode ter minha vida!" É essa a fé e a obstinação inabalável que o jejum constrói em sua vida para você atingir a libertação em toda área que o inimigo tenta controlar.

Como jejuar

O jejum traz tanto benefícios parciais quanto totais. Jejuar por um dia todo com certa regularidade servirá para fortalecer seu espírito, com o passar do tempo, e para lhe dar a capacidade de se disciplinar em jejuns mais prolongados. Jejuns de três dias de duração apenas com o consumo de água são uma maneira poderosa de alcançar progressos. Ester e o povo de Israel jejuaram por três dias quando buscavam livrar-se da morte pelas mãos de Hamã, o conselheiro maligno do rei (Ester 4:16). Jejuns que ultrapassem três dias só devem ser feitos por pessoas com experiência em jejuar.

Eu não recomendo jejuns prolongados, a menos que haja alguma emergência ou que o Espírito Santo leve alguém a op-

Senão pela oração e pelo jejum

tar por esse jejum. Daniel jejuou por vinte e um dias e viu um enorme progresso como bênção para seu povo (Daniel 9-10). Mas Daniel era um profeta, e Deus usa profetas e jejuns para alcançar progressos pelos mais variados motivos. Jesus jejuou por quarenta dias antes de dar início a seu ministério (Mateus 4:1-2). Moisés e Elias também jejuaram por quarenta dias (Êxodo 34:28; Deuteronômio 9:9,18; 1Reis 19:8). Eu conheço casos de pessoas que jejuaram por quarenta dias e que alcançaram progressos indescritíveis.

Um jejum parcial pode abranger alimentos como verduras, legumes e frutas, e pode ser feito por longos períodos. O jejum completo consiste em ingerir apenas água; a água é importante para limpar o organismo de toxinas que são liberadas quando se jejua. O Espírito Santo vai lhe revelar quando você precisa jejuar. Uma vida com jejum é uma vida poderosa.

Encarando o jejum com humildade e sinceridade

Nos dias de Jesus, os fariseus jejuavam para manter uma postura de orgulho e de superioridade:

> O fariseu, em pé, orava no íntimo: "Deus, eu te agradeço porque não sou como os outros homens [...] Jejuo duas vezes por semana [...]"
> — Lucas 18:11-12

Sempre que você estiver cheio de orgulho, sendo legalista e religioso, não importa quanto jejum faça, você não verá muitos milagres. Os fariseus não viam milagres como resultado das orações e dos jejuns porque tais ações deles não tinham poder. Jesus realizou muitos milagres porque era humilde e repleto de misericórdia, amor e compaixão para com as pessoas.

Os fariseus não tinham nada além das longas túnicas — túnicas sem nenhum milagre. Eles não conseguiam curar uma dor de cabeça, uma picada de mosquito ou uma unha encravada. Eles não tinham poder porque não eram humildes, nem demonstravam misericórdia. Jesus apareceu e quebrou todas as regras deles. Ele curou os enfermos, ressuscitou mortos e expulsou demônios. Os fariseus queriam matá-lo. Eles não estavam preocupados com o povo, e sim com a posição na sociedade e o título que possuíam. Jamais deixe que sua posição ou seu título levem embora de sua vida sua humildade e a misericórdia de Deus. Seja sempre humilde. Seja sempre misericordioso.

Precisamos encarar o jejum com humildade. O jejum deve ser genuíno, não apenas um gesto religioso e hipócrita. Isso é o que Deus pede de um jejum. Precisamos dos motivos corretos para jejuar. O jejum é uma ferramenta poderosa, se feito corretamente. Muçulmanos e hindus jejuam, mas de forma meramente religiosa. Grandes milagres e progressos acontecem quando o jejum é feito com o espírito certo.

O capítulo 58 de Isaías descreve o jejum que Deus abençoa:

- O jejum não deve ser feito por diversão (v. 3).
- O jejum não deve ser feito enquanto se maltrata alguém (v. 3).
- Não deve haver discussões ou brigas durante o jejum (v. 4).
- O jejum deve fazer você baixar a cabeça humildemente, como o junco (v. 5).
- Deve-se analisar o coração e buscar arrependimento durante o jejum (v. 5).
- O jejum deve estimular uma postura de compaixão pelos que estão perdidos e machucados (v. 7).

É esse o jejum que Deus promete abençoar.

O inimigo conhece o poder da oração e do jejum e, por isso, fará tudo que puder para impedi-lo de alcançar o que quer. O fiel que começa a jejuar pode esperar por uma grande resistência espiritual. Por isso é preciso se comprometer a levar um estilo de vida que abrace o jejum. As recompensas do jejum superam em muito os obstáculos do inimigo.

O jejum traz recompensa

Jejuar traz grandes recompensas. Muitos fiéis não têm ideia das enormes recompensas que se consegue com o jejum. É preciso compreender os benefícios do jejum para que ele se torne parte do estilo de vida. O texto de Mateus 6:17-18 diz: "Ao jejuar, ponha óleo sobre a cabeça e lave o rosto, para que não pareça aos outros que você está jejuando, mas apenas a seu Pai, que vê no secreto. E seu Pai, que vê no secreto, o recompensará."

Deus promete recompensas a quem jejua em segredo. Entre essas recompensas, estão o favor, a abundância e a bênção divina. Entre as recompensas visíveis do jejum, incluem-se a bênção, a abundância, o favor e a prosperidade. Aprenda o segredo para obter as recompensas de Deus por meio do jejum privado. Ninguém precisa saber que você está jejuando. Conforme você se deixa levar pelo Espírito Santo, faça do jejum um hábito compartilhado entre você e Deus, e veja como ele o recompensa.

> Sem fé é impossível agradar a Deus, pois quem dele se aproxima precisa crer que ele existe e que recompensa aqueles que o buscam.
>
> — HEBREUS 11:6

Declare os benefícios do
jejum em sua vida

Senhor, eu acredito no poder do jejum que tu determinaste (Isaías 58).

Senhor, que meu jejum destrua o jugo do inimigo sobre mim.

Que tua luz se derrame em minha vida por meio do jejum que determinaste.

Que saúde e cura sejam derramadas sobre mim por meio do jejum que determinaste.

Permite que eu veja progressos de salvação e de libertação em minha vida por meio do jejum que determinaste.

Que os milagres recaiam sobre minha vida por meio do jejum que determinaste.

Pelo jejum, eu humilho minha alma; que teu favor me exalte.

Por meio do jejum que tu determinaste, eu expulso todo demônio teimoso de minha vida.

Que tua bênção e misericórdia entrem em minha vida por meio do jejum.

Nada é impossível para ti, Senhor; transforma minhas impossibilidades em possibilidades por meio do jejum que determinaste.

Que cada tormenta do inferno contra mim seja quebrada por meio do jejum que determinaste.

Que todo orgulho, rebeldia e bruxaria operando em minha vida sejam destruídos por meio do jejum.

Que tua unção aumente em minha vida por meio do jejum.

Permite que eu desfrute de restauração mediante o jejum.

Que toda a carnalidade seja afastada de minha vida por meio do jejum.

Senão pela oração e pelo jejum

Que os maus hábitos e a iniquidade em mim sejam quebrados pelo jejum.

Permite que minhas orações sejam respondidas rapidamente por meio do jejum.

Guia-me por meio do jejum que determinaste.

Manifesta tua glória pelo jejum que determinaste.

Que as fortalezas da impureza sexual e da luxúria sejam destruídas em minha vida por meio do teu jejum escolhido.

Que a doença e a enfermidade sejam destruídas em minha vida, e que surja a cura por meio do jejum.

Que toda necessidade e pobreza sejam destruídas em minha vida pelo jejum.

Remove toda opressão e os tormentos de minha vida por meio do jejum.

Eu me humilho com o jejum (Salmos 35:13).

Eu me volto para o Senhor com jejum, lamento e pranto (Joel 2:12).

A "espécie de demônio" que enfrento vai sair de mim por meio do jejum e da oração (Mateus 17:21).

Vou jejuar de acordo com o jejum escolhido pelo Senhor (Isaías 58:5).

Vou proclamar um jejum e me humilhar diante de Deus, pedindo uma viagem segura para minha família e nossos bens (Esdras 8:21).

Eu jejuarei para soltar as correntes da injustiça, desatar as cordas do jugo, pôr em liberdade os oprimidos e romper todo jugo (Isaías 58:6).

Eu me voltarei para o Senhor Deus com orações e súplicas, em jejum, em pano de saco e coberto de cinzas (Daniel 9:3).

Eu jejuarei em segredo, e meu Pai, que vê em segredo, me recompensará (Mateus 6:18).

Eu nunca deixarei o templo; e adorarei Deus jejuando e orando dia e noite (Lucas 2:37).

CAPÍTULO 2

QUEBRE TODAS AS CORRENTES

Subirá diante deles o que abre caminho; eles
romperão, entrarão pela porta e sairão por ela; e o seu
Rei irá adiante deles; sim, o SENHOR, à sua frente.
— MIQUEIAS 2:13 (ARA)

Existem coisas na vida que não podem existir quando se pretende caminhar em vitória e em aliança com Deus. Já demoramos demais e ficamos muito moles, e o inimigo causa estrago em nossa vida. Mas o jejum é capaz de trazer a unção que rompe barreiras. O profeta Miqueias previu o dia em que as barreiras seriam rompidas diante do povo. Nós, neste dia, estamos vivendo esse tempo.

O Senhor rompe barreiras. Ele é capaz de romper qualquer obstáculo e qualquer oposição em nome do povo escolhido. Uma unção está surgindo na Igreja. Nós estamos vendo e experimentando mais progresso do que nunca antes visto. O jejum fará esse progresso aumentar em famílias, cidades, nações, finanças e no crescimento da Igreja; na salvação, na cura

Quebre todas as correntes 17

e na libertação. O jejum pode ajudar os fiéis a vencer qualquer oposição feita pelo inimigo.

Como dito anteriormente, existem espíritos que operam em nossa vida que não podem ser derrotados sem jejum. Alguns fiéis lutam contra certas limitações que parecem intransponíveis. Porém, a revelação de um jejum pode mudar esse cenário e resultar em vitórias que não se poderia obter de forma comum. Um estilo de vida consistente, que inclua o jejum, acarretará na manifestação de muitas vitórias. É a vontade de Deus que todo fiel viva uma vida de vitórias e que nada seja impossível a ele.

Existem espíritos teimosos que respondem apenas em face do jejum e da oração. Falaremos sobre a natureza de tais espíritos no próximo capítulo. Ao longo deste livro, do capítulo 5 ao 30, pretendo focar em áreas de opressão ou incômodo demoníaco que podem alcançar tal nível na vida de uma pessoa que não se quebram facilmente, a não ser por meio de oração e jejum. Sim, todos nós precisamos lidar com problemas de tempos em tempos, e pode ser que esses problemas passem rapidamente ou sejam resolvidos, porém os assuntos tratados neste livro são de longa duração: questões profundamente enraizadas, para as quais você tem procurado solução e em que ainda precisa atingir a paz ou a vitória, ou talvez, ouvir uma palavra do Senhor a respeito. Estou falando de coisas como fortalezas que perduram por gerações e que se agarram tenazmente a famílias e nações durante anos; estou falando dos anos de espera para ouvir Deus falar a respeito de um problema ou uma decisão diante da qual ele parece calado. O jejum servirá para quebrar essas fortalezas que ficam no meio do seu caminho para receber a bênção do Senhor. Entre essas fortalezas, incluem-se a pobreza, a doença, a bruxaria, a impureza sexual, o orgulho, o medo, a confusão e os problemas conjugais.

18   JEJUM - PROGRESSO E LIBERTAÇÃO

O jejum vai ajudar você a superar essas fortalezas e a romper suas limitações.

Como fiel, a libertação e a liberdade fazem parte da sua salvação. O inimigo está lutando contra você para tomar essa liberdade. É por esse motivo que estamos em batalha. Ele continua a roubar de você o que já lhe foi prometido. Jesus nos deu a autoridade de impedir o inimigo de tomar aquilo que ele mesmo já nos prometeu.

Complemente o jejum com orações poderosas

Não há sentido no jejum espiritual se não houver foco e uma rotina de oração intensa, ambos direcionados a um problema ou uma situação. A oração é uma arma poderosa para os fiéis que têm ódio da obra da escuridão (Salmos 139:21). Você odeia todo caminho de falsidade (Salmos 119:104)? Quando se teme o Senhor também se odeia o mal (Provérbios 8:13), e sua justa oração deve refletir esse sentimento.

Porque você odeia o mal e ama o que é bom, suas orações de guerra não serão apenas pela vitória em sua cidade, região ou nação, mas sim dirigidas também para ver progresso em sua vida pessoal. Suas orações têm o poder de demolir fortalezas.

Quando ora, você está reforçando a vitória sobre Satanás, conquistada na Cruz; você executa a condenação contra ele por meio de suas orações. Quando ora, você reforça o fato de que todo o poder e toda a autoridade foram despojados dele (Colossenses 2:15). Essa honra é dada a todos os servos do Senhor.

Por isso é tão lamentável que haja tantos fiéis que tenham dificuldade em orar. Muitos dizem que não sabem orar; outros se tornaram descrentes da oração. É por isso que ainda existem muitas áreas da vida deles que estão sob a opressão do inimigo. O Senhor me ensinou há muito tempo a importância da pregação da Palavra para superar a resistência ao plano de Deus para minha vida. O Espírito Santo me ajudou a compreender muitas passagens das Escrituras e a usá-las em oração para que eu pudesse continuar a caminhar vitorioso. Você verá essas orações espalhadas por este livro, e elas estarão distribuídas em diferentes assuntos, para ajudá-lo a criar as próprias orações nos assuntos em que você precisa obter progresso.

Quando baseamos as orações na Palavra de Deus somos inspirados a orar. Orar com a Palavra de Deus vai aumentar sua capacidade de orar, vai alimentar o espírito da oração dentro de você. O texto de Efésios 6:18 nos diz para orarmos constantemente. Orar com a Palavra vai fazer você criar muitas orações diferentes, que, em outro caso, você não faria. Isso ajudará você a romper as limitações de sua vida de oração. Ler, estudar e meditar a respeito das promessas de Deus são ações que vão motivar você a orar. Deus fez muitas promessas grandiosas e preciosas — como a promessa de ajudar, salvar e libertar você da mão do inimigo, e de curar e fazer você prosperar. É pela oração cheia de fé que herdamos essas promessas (Hebreus 6:12).

A oração é, ainda, uma das maneiras que temos para liberar a vontade de Deus sobre a terra. Precisamos estudar a Palavra de Deus para conhecer a vontade dele. É por isso que a oração e a Palavra devem ser combinadas. Daniel era capaz de orar com tamanha eficiência porque conhecia o que a Palavra de Deus dizia a respeito de seu povo (Daniel 9:2-3).

Nós precisamos orar com entendimento (1Coríntios 14:15). Entender a vontade de Deus nos ajuda a orar corretamente. A Palavra de Deus é a vontade de Deus. Não devemos ser insensatos; devemos procurar compreender qual é a vontade de Deus (Efésios 5:17). A oração também ajuda a caminhar perfeita e completamente na vontade de Deus (Colossenses 4:12).

Nós somos instados a clamar pelo Senhor. Ele prometeu dizer coisas grandiosas e insondáveis (Jeremias 33:3). O Senhor se delicia com nossas orações. Ele se delicia em responder a nossas orações. Ele responde antes mesmo de chamarmos (Isaías 65:24). Os ouvidos do Senhor estão abertos para as orações dos justos (1Pedro 3:12). A oração fervorosa de um homem justo é poderosa (Tiago 5:16). É-nos dito para orarmos continuamente (1Tessalonicenses 5:17).

Nosso Deus ouve as orações. Todo homem deve ir a ele em oração (Salmos 65:2). Todos os fiéis passam por desafios semelhantes, e podem superar tais desafios por meio da oração. Deus não trata ninguém com parcialidade (Atos 10:34). Ele está sempre perto daquele que o teme (Salmos 145:19). O Senhor há de ouvir sua súplica e aceitar suas orações (Salmos 6:9). Clamar ao Senhor traz salvação e libertação dos inimigos (Salmos 18:3). Orar sempre foi uma chave para a libertação. Com ela você pode sair de toda situação adversa. O Senhor o ajudará. Deus não vai rejeitar suas orações (Salmos 66:20). Deus não desprezará suas orações (Salmos 102:17). As orações dos justos são do agrado de Deus (Provérbios 15:8).

Deus prometeu nos dar alegria na casa de oração (Isaías 56:7). Por todas as nações, a casa de Deus é chamada de casa de oração. Eu acredito que devemos não só orar, mas também ter prazer com a oração. A alegria do Senhor é nossa força. A oração deve render uma abundância de milagres e recompensas. Aqueles que desfrutarem dos resultados das orações viverão uma vida de gozo.

Davi foi um rei que compreendeu a importância da oração para a vitória. Ele conquistou diversas vitórias sobre seus

Quebre todas as correntes

inimigos e viu uma libertação poderosa por meio da oração. Ele orou pela derrota de seus inimigos, e Deus respondeu aos pedidos dele. Nós também teremos os mesmos resultados diante de nossos inimigos espirituais, afinal não estamos lutando contra carne e sangue. Precisamos superar os poderes e as autoridades com a armadura de Deus. Precisamos tomar a espada do Espírito e orar com toda oração (Efésios 6:12-18).

As orações de Davi se encerram em Salmos 72:20. Ele termina pedindo em oração que toda a terra se encha da glória de Deus. Esse é o fim de qualquer oração. Nós acreditamos que a terra se encherá com o conhecimento da glória do Senhor, assim como a água enche o mar (Habacuque 2:14). É esse nosso objetivo. Nós vamos continuar a orar pedindo a realização dessa promessa, e veremos o crescimento do Reino de Deus e a destruição dos poderes da escuridão por meio de nossas orações. É possível aumentar o reavivamento e a glória. Nossas orações são como gasolina lançada ao fogo.

Nossas orações repletas de fé acompanhadas de jejuns periódicos são as chaves para vermos milagres e progressos com regularidade. Tudo que pedimos em oração, nós recebemos (Mateus 21:22).

Orações que rompem o poder da escuridão

Que o assírio seja quebrantado em minha terra (Isaías 14:25).

Derruba portas de bronze e rompe trancas de ferro (Isaías 45:2).

Quebra o jugo que está sobre meu pescoço e arrebenta as correntes, em nome de Jesus (Jeremias 30:8).

Tu quebrarás [as nações] com vara de ferro e as despedaçarás como a um vaso de barro (Salmos 2:9).

Quebra o braço do ímpio [...] (Salmos 10:15).

Quebra os dentes deles, ó Deus; arranca, SENHOR, as presas desses leões! (Salmos 58:6).

Esmaga o opressor (Salmos 72:4).

O braço forte dos ímpios seja quebrado (Salmos 37:17).

Seu grande chifre seja quebrado (Daniel 8:8).

Que o seu império seja desfeito (Daniel 11:4).

E que seus alicerces sejam despedaçados (Ezequiel 30:4).

Seja a larga muralha da Babilônia desmantelada (Jeremias 51:58).

Quebrem-se os arcos dos ímpios (Salmos 37:14).

Contigo despedaço cavalo e cavaleiro (Jeremias 51:21).

Contigo despedaço carro de guerra e cocheiro (Jeremias 51:21).

Contigo despedaço governadores e oficiais (Jeremias 51:23).

Que seja tua Palavra que sai de minha boca como um martelo que despedaça a rocha (Jeremias 23:29).

Despedaça o muro que o inimigo caiou em minha vida (Ezequiel 13:14).

Que possa o SENHOR demolir os altares do inimigo contra minha vida (Oseias 10:2).

Que as imagens da terra se quebrem com seu poder, e queimem seus ídolos (Deuteronômio 7:5).

O pacto com a morte será anulado, quer tenha sido feito por qualquer ancestral meu, em nome de Jesus (Isaías 28:18).

CAPÍTULO 3

O JEJUM DESTRÓI DEMÔNIOS E FORTALEZAS PERSISTENTES

[...] se vocês tiverem fé do tamanho de um grão de
mostarda, poderão dizer a este monte: "Vá daqui
para lá", e ele irá. Nada lhes será impossível. Mas esta
espécie só sai pela oração e pelo jejum.
— MATEUS 17:20-21

Deus deseja quebrar e destruir algumas coisas bem persistentes em sua vida. A libertação dos inimigos é um dos benefícios de seu pacto com Deus. Ele deseja libertar você de todas as arapucas do diabo, mesmo aquelas de que você acha que jamais se libertará. Estou falando de problemas persistentes, que parecem não se mexer ou quebrar por mais que se tente guerrear contra eles; problemas que parecem não desaparecer. Muita gente acaba frustrada e desenganada, porque essa luta é extenuante. Mas Deus tem um plano para a sua libertação, uma maneira de escapar dos ardis e das armadilhas do inimigo. O Senhor diz:

Eu o ouvi no tempo favorável e o socorri no dia da salvação. Digo-lhes que agora é o tempo favorável, *agora é o dia da salvação!*

— 2Coríntios 6:2

[...] Não tenham medo. Fiquem firmes e vejam o livramento que o Senhor lhes trará hoje.

— Êxodo 14:13

"Esta espécie"

Conforme mencionei rapidamente no capítulo 2, há diferentes tipos de demônio. Alguns demônios são muito fáceis de expulsar de sua vida; já outros estarão dispostos a lutar. É necessário muito mais que força e unção para romper o poder desses últimos. Em Mateus 17, vemos a história do homem que trouxe um menino até os discípulos de Jesus, que não conseguiram curar o garoto.

Jesus repreendeu o demônio; este saiu do menino que, daquele momento em diante, ficou curado. Então os discípulos aproximaram-se de Jesus em particular e perguntaram: "Por que não conseguimos expulsá-lo?" Ele respondeu: "Porque a fé que vocês têm é pequena. Eu lhes asseguro que se vocês tiverem fé do tamanho de um grão de mostarda, poderão dizer a este monte: 'Vá daqui para lá', e ele irá. Nada lhes será impossível. Mas esta espécie só sai pela oração e pelo jejum."

— Mateus 17:18-21

As Escrituras dizem "esta espécie", o que nos ajuda a saber que há diferentes tipos de demônio. Alguns demônios são mais fortes que outros; certos demônios são mais teimosos e desafiadores que outros. Existem muitos motivos pelos quais um espírito se detém na vida de uma pessoa.

O jejum destrói demônios e fortalezas persistentes 25

Às vezes essas coisas têm raízes fortes, profundas e resistentes demais não só por estarem em sua vida por muito tempo, mas também por estarem na vida de sua família por muitas gerações. Às vezes um demônio na vida de uma pessoa se torna como uma planta com uma raiz extremamente complexa. Quanto mais profundas as raízes no solo, tanto mais difícil será extrair essa planta. E às vezes as pessoas têm espíritos em sua vida por anos suficientes para que eles desenvolvam raízes profundas. Quando se tenta arrancar esse espírito, ele não sai com um mero puxão. É preciso atingir a raiz, cortá-la e depois puxar.

Se você gosta da natureza ou já se interessou por jardinagem, então talvez saiba que nem todas as ervas daninhas são iguais. É possível encontrar um mato que não cederá nem um pouco ao ser puxado. Esse mato já está lá há tanto tempo que suas raízes estão fincadas profundamente. Quando digo "persistente", não estou me referindo à teimosia, que é um demônio em si. Estou me referindo a um demônio que é muito difícil de expulsar. Jesus nos dá a chave, que são a oração e o jejum. Se você estiver tendo algum desses problemas, acredito que a oração e o jejum sejam a resposta para romper esse poder e expulsar os demônios de sua vida. Não há outra solução.

Enfrentando Golias

Quando enfrentamos fortalezas e demônios persistentes é como se estivéssemos enfrentando um Golias. Israel inteiro fora intimidado por Golias, porque ele era um gigante. Durante quarenta dias e quarenta noites, ele desafiou quem quer que fosse a lutar contra ele. Ninguém se prontificou a aceitar o desafio, até que Davi apareceu. Davi disse: "Quem é esse filisteu incircunciso para desafiar os exércitos do Deus vivo? Eu lutarei com ele!" (ver 1Samuel 17:26). Davi era um lutador. E eu rogo para que o espírito de Davi venha sobre você neste momento. Toda vez que um Golias se erguer e desafiar você, rogo para que você diga: "Deus não nos deu espírito de covardia, mas de poder, de amor e de equilíbrio." E, como Davi, que você consiga não só abater o inimigo, mas também cortar a cabeça dele!

Pense por um instante nas armas de Davi. Ele tentou usar a armadura do rei Saul, mas ela era muito grande e pesada. Então ele decidiu lutar apenas com uma atiradeira. Uma atiradeira? Contra um gigante? Às vezes as armas que Deus nos dá para lutar contra o inimigo e derrotá-lo são as mais incomuns. Mas "as armas com as quais lutamos não são humanas; pelo contrário, são poderosas em Deus para destruir fortalezas" (2Coríntios 10:4). Portanto use a arma do louvor. Use a arma da adoração. Use a arma da Palavra. Use as armas da oração e do jejum. Declare: "Não estou tentando fazer isto com minha carne. Deus, eu oro, eu jejuo, eu me humilho diante de ti. Eu sei que não é por força nem por poder, mas pelo Espírito do Senhor que toda montanha pode ser removida de minha vida!"

Está na hora de se libertar de todo demônio persistente e das pessoas teimosas que tentam impedir você de alcançar aquilo que Deus prometeu. Levante-se e diga: "Não, diabo, 'esta espécie' vai ter de sumir. Vou orar e jejuar até conseguir progredir, porque não deixarei que nada me impeça de fazer o que Deus me pediu para fazer."

Não perca a esperança

Uma das minhas passagens favoritas das Escrituras é: "A esperança que se retarda deixa o coração doente, mas o anseio satisfeito é árvore de vida" (Provérbios 13:12). Em outras palavras, quando você tem esperança de que algo aconteça, mas esse algo é constantemente protelado, você acaba desanimado e tendendo a desistir. Mas, quando esse anseio se satisfaz e você alcança o que desejava e acreditava, então você se sente vivo e revigorado — satisfeito. A Bíblia chama isso de "árvore de vida".

Uma das chaves para apreciar a vida, a vida abundante, e a vida em Deus, é ver suas esperanças realizadas. Quando se permanece sempre na posição de ficar esperando, esse atraso se transforma em desesperança, desânimo, frustração, depressão e tormento. Quando alguém não consegue alcançar um progresso em alguma área específica, geralmente a pessoa acaba desistindo. Algumas pessoas deixaram a igreja ou abandonaram a Deus porque as coisas que esperavam ver superadas eram persistentes demais e não mudavam. Eu, no entanto, estou comprometido a ver esses demônios e essas fortalezas persistentes serem destruídos. Não importa quão forte ou teimoso seja um demônio, Deus é quem tem todo o poder!

Um dos animais mais teimosos e desafiadores é a mula. Quando uma mula não quer fazer algo, é impossível convencê-la da ideia. Ela apenas se recusa, e é preciso arrastá-la. Eu rogo para que, ao longo deste livro, e dos que ainda virão, eu possa fornecer ferramentas e estratégias divinas para lidar com espíritos que são como mulas, demônios que são burros e todos os outros demônios que dizem "não" quando você tenta expulsá-los (às vezes eles dizem "não" antes mesmo de você tentar expulsar). Todos eles serão expulsos em nome de Jesus, pela oração e pelo jejum.

Orações para romper fortalezas e demônios persistentes

Eu amarro, repreendo e expulso qualquer demônio persistente que tente se agarrar à minha vida, em nome de Jesus.

Eu enfrento qualquer fortaleza persistente e ordeno que ceda ao poder de Deus, em nome de Jesus (2Samuel 5:7).

Eu pressiono todo demônio e fortaleza teimosos e quebro a influência deles em minha vida, em nome de Jesus.

Eu arranco todas as raízes persistentes de minha vida, em nome de Jesus (Mateus 15:13).

Eu ordeno que todo jugo feito de ferro se rompa e esmigalhe, em nome de Jesus (Juízes 1:19).

Eu quebro o poder de todo demônio orgulhoso, teimoso e arrogante que se exalta diante de Cristo, e ordeno que seja humilhado, em nome de Jesus.

Eu quebro o poder de toda iniquidade em minha família que tente controlar minha vida, em nome de Jesus.

Eu me levanto contra os demônios obstinados e interrompo a influência deles em minha vida, em nome de Jesus.

Eu repreendo toda a rotina teimosa de fracasso e frustração em minha vida, em nome de Jesus.

Eu repreendo todo faraó teimoso que tente subjugar o povo de Deus e ordeno que deixe o povo escolhido em paz, em nome de Jesus (Êxodo 8:32).

Eu amarro e repreendo todo inimigo persistente que se opõe a mim e ao meu progresso, em nome de Jesus.

Eu repreendo todo demônio persistente que tente resistir ao poder de Deus e à autoridade que tenho por meio de Jesus Cristo, e ordeno que pare de resistir, em nome de Jesus.

Eu me levanto contra todo hábito duradouro que me limita e removo todo o seu poder sobre mim, em nome de Jesus.

Nada é impossível pela fé, e eu libero minha fé contra todo demônio persistente e obstinado, e a eles resisto sem ceder, em nome de Jesus (Mateus 19:26).

Eu enfraqueço, quebro e pressiono todo demônio e fortaleza persistentes. Vocês estão ficando cada vez mais fracos, enquanto eu me torno cada vez mais forte. Vou empreender uma guerra duradoura contra vocês, até que sejam completamente derrotados e destruídos em minha vida, em nome de Jesus (2Samuel 3:1).

Eu sitio toda fortaleza persistente, por meio da oração e do jejum, até que suas muralhas venham ao chão, em nome de Jesus (Deuteronômio 20:19).

Eu uso os aríetes da oração e do jejum para demolir os muros de toda fortaleza persistente, em nome de Jesus. Que toda muralha de Jericó caia pelo meu louvor, pois elevo minha voz como trombeta contra você, em nome de Jesus (Josué 6:1,20).

Que todo toco demoníaco seja removido de minha vida, em nome de Jesus.

Eu quebro o ímpeto de todo espírito persistente que tente permanecer em minha vida, em nome de Jesus. Você não terá forças para permanecer, sua vontade será quebrada e você terá de se submeter, em nome de Jesus e com o poder do Espírito Santo.

Eu me levanto contra toda fortaleza e demônio persistente em minha família que se recusa a partir e ataco toda fortaleza demoníaca construída há gerações, em nome de Jesus.

Eu repreendo toda mula teimosa e touro de Basã de minha vida, em nome de Jesus. Eu quebro seus espíritos, em nome de Jesus. Vocês serão derrotados e terão de se curvar ao mais alto de todos os nomes (Salmos 22:12).

A unção em minha vida está aumentando por meio da oração e do jejum, e todo jugo persistente está sendo destruído (Isaías 10:27).

CAPÍTULO 4

JEJUAR AUMENTA
A FORÇA NA GUERRA DEMORADA

A guerra entre as famílias de Saul e Davi durou
muito tempo. Davi tornava-se cada vez mais forte,
enquanto a família de Saul se enfraquecia.
— 2SAMUEL 3:1

Talvez você não goste da expressão "guerra demorada". Eu não o culpo. Afinal quem gostaria disso? Todos desejam que uma guerra se encerre logo. Mas algumas guerras não terminam rapidamente. Quando você está lutando contra um inimigo persistente, que recusa a se render, logo percebe que terá de continuar lutando e lutando e lutando. Há demônios que lutam e lutam e lutam para permanecer em sua vida. Mas eu trago boas notícias: se continuar pressionando o inimigo, você ficará cada vez mais forte e o inimigo se enfraquecerá.

Demônios não conseguem suportar guerras demoradas. Eles querem que você ataque e desista. Mas você precisa ter uma mentalidade de permanecer em oração, em jejum e pressionando o demônio, porque é questão de tempo até ele ceder!

Às vezes é necessário enfraquecer os demônios. Em nosso ministério de libertação na Crusaders Church, já tivemos essa experiência. Nós precisamos lidar com demônios que eram muito fortes. Durante algum tempo precisamos orar, jejuar e repreender, além de realizar várias sessões para combater o mesmo demônio; mas, depois de algum tempo, vemos esse demônio ficar cada vez mais enfraquecido.

Quando se começa a orar pela expulsão de algum espírito demoníaco, ele logo responde: "Nós não vamos sair. Você não consegue nos anular/expulsar. Você não tem poder. Nós vamos ficar aqui e vamos destruí-lo. Você pertence a nós. Esta é nossa casa." Você precisa responder assim: "Está bem. Continue falando. Eu vou seguir orando — orando em línguas, jejuando, repreendendo o diabo, suplicando pelo sangue, citando as Escrituras…" Depois de algum tempo, esses mesmos demônios vão dizer: "Será que pode nos deixar em paz? Pode nos dar um tempo? Você está começando a incomodar." É fácil saber quando um demônio começa a enfraquecer, porque eles ficam bravos e passam a fazer ameaças. Eles dizem: "Nós vamos matar você." Não tenha medo. Ele está em pânico. Quando você começar a ver o diabo entrar em pânico, saiba que precisa continuar pressionando até ele sumir da sua vida.

Não é porque se trata de uma guerra demorada que você vai perder a batalha. Muita gente me pergunta por que Deus permite que certas coisas aconteçam em nossa vida por tanto tempo. Deus permite que essas coisas aconteçam porque ele quer nos ensinar a lutar. Com a guerra demorada, você aprende sobre fé e persistência. Você precisa disso como filho de Deus. Você precisa aprender a permanecer na fé contra situações impossíveis. Você não precisa analisar a situação, mas sim acreditar em Deus.

Quando Deus mandou que Israel expulsasse os inimigos, o povo não o fez em apenas um ano. Deus não deixou que expulsassem todos eles em um ano. O segundo versículo de Juízes 3 diz que Deus deixou algumas nações em Canaã para Israel aprender a lutar, a fazer guerra. Muitos dos que sobreviveram ao Egito não sabiam nada sobre como guerrear.

Às vezes, quando você luta contra a escuridão, o Senhor está ensinando como guerrear, como usar a fé, como usar a Palavra, como usar a oração e como se defender. Ele quer ensiná-lo a lutar, para você não ser um desfalque no exército do Senhor. Os maiores guerreiros do Reino de Deus são pessoas que tiveram de lutar as próprias batalhas e que superaram alguns inimigos. Quando você supera um desafio, isso deixa de ser mera teoria da Bíblia; você passa a saber que a vitória é real. Você descobre como alcançar o sucesso. Isso lhe dá uma capacidade muito melhor de lutar por outras pessoas, de guerrear por outras pessoas, de usar sua fé e desenvolver sua força no Senhor. Às vezes suas vitórias pessoais capacitam você a ajudar alguém a também conquistar uma vitória.

Muitos fiéis não gostam de guerras demoradas e acabam desistindo. E o inimigo está contando exatamente com isso. Ele está esperando que o povo de Deus se canse e desista. Ele quer que sintamos que é impossível vencê-lo, que não conseguiremos derrotá-lo. Ele quer blefar e nos fazer acreditar que não somos fortes o bastante. Mas eu lhe digo: não desista. Continue acreditando. "Se Deus é por nós, quem será contra nós?" (Romanos 8:31). Deus está do seu lado. Talvez você tenha de lutar pelo que é seu de direito, e talvez isso leve algum tempo. Mas, quando você ora, jejua e se compromete a vencer, independentemente de quanto demore, passa a ser uma questão de tempo ver o inimigo falhar e você alcançar a vitória.

Não, a terceira vez
não é sorte

Em 2Reis 13:14-19 somos apresentados à flecha da libertação e aprendemos como a unção profética ajuda a guerrear:

Ora, Eliseu estava sofrendo da doença da qual morreria. Então Jeoás, rei de Israel, foi visitá-lo e, curvado sobre ele, chorou gritando: "Meu pai! Meu pai! Tu és como os carros e os cavaleiros de Israel!" E Eliseu lhe disse: "Traga um arco e algumas flechas"; e ele assim fez. "Pegue o arco em suas mãos", disse ao rei de Israel. Quando pegou, Eliseu pôs suas mãos sobre as mãos do rei e lhe disse para abrir a janela que dava para o leste e atirar. O rei o fez, então Eliseu declarou: "Esta é a flecha da vitória do Senhor, a flecha da vitória sobre a Síria! *Você destruirá totalmente os arameus, em Afeque.*" Em seguida Eliseu mandou o rei pegar as flechas e golpear o chão. Ele golpeou o chão três vezes e parou. O homem de Deus ficou irado com ele e disse: "Você deveria ter golpeado o chão cinco ou seis vezes; então iria derrotar a Síria e a destruiria completamente. Mas agora você a derrotará somente três vezes" (grifo nosso).

Eu acredito que podemos guerrear de acordo com a profecia. A Palavra do Senhor é o que você precisa para alcançar a vitória. É importante estar ligado à profecia. As palavras servem de incentivo contra o que estamos lidando. Ela ajuda a guerrear contra o inimigo e a vencer. Os arameus (sírios) eram os maiores inimigos de Israel, eram inimigos muito poderosos e persistentes. Então o rei Jeoás buscou o profeta

Eliseu, que estava enfermo e moribundo, e falou sobre os exércitos da Síria. Eliseu pediu que ele atacasse a Síria repetidas vezes, até que ficasse destruída. Depois Eliseu pediu que ele apanhasse um arco e algumas flechas e as atirasse ao chão. Ele não disse quantas vezes. Jeoás acertou o chão por três vezes e parou. O profeta se irritou, porque aquilo significava que Jeoás derrotaria a Síria apenas três vezes.

Três vezes não seriam suficientes para derrotar os sírios, como Eliseu havia profetizado. Talvez Eliseu pudesse ter dito quantas vezes atirar as flechas ao chão. Mas às vezes aquilo que está dentro de uma pessoa se exterioriza em forma de ações. Jeoás não tinha raiva e ódio do inimigo suficientes para atingir o chão além da terceira vez — ou até que a flecha se partisse!

Quando lidamos com o inimigo é preciso fazer mais que dar um tapa com luvas de pelica. É preciso realmente querer vencer. Você precisa odiar aquilo contra o que está lutando, a ponto de atirar até a flecha quebrar. É preciso odiar a luxúria, a pobreza, o medo, a rejeição ou o que quer que seja, até você conseguir esmagar isso. Não basta tentar uma, duas, três vezes e depois olhar para o profeta e perguntar: "Será que basta?" Não! Atire até destruir tudo!

Há também outro princípio: às vezes é preciso alcançar mais que *uma* vitória antes de derrotar o inimigo completamente. Não bastaria apenas uma batalha; e sim mais de uma. Em essência o profeta disse: "Você deveria ter golpeado o chão cinco ou seis vezes; então iria derrotar a Síria e a destruiria completamente. Mas agora você a derrotará somente três vezes." Obviamente aquelas três vitórias não seriam suficientes para destruir completamente os sírios. Os sírios perderiam, mas ainda teriam capacidade de se reerguerem.

É preciso destruir o inimigo a ponto de ele não conseguir se levantar. Precisamos estragar as fortalezas dele a ponto de destruí-las, para não precisarmos mais nos preocupar com elas.

Faraós teimosos

> Não tenham medo. Fiquem firmes e vejam o livramento que o Senhor lhes trará hoje, porque *vocês nunca mais verão* os egípcios que hoje veem.
>
> — Êxodo 14:13 (grifo nosso)

O faraó era do tipo que agrada ao diabo. Ele era teimoso e mantinha o coração duro, não mudava de ideia. Não importava quanta punição surgisse, ele continuava a endurecer o coração. Mas, enfim, Deus tinha uma carta na manga para vencê-lo — o Senhor tomou o primogênito do faraó. Este último ainda perseguiu o povo de Deus, mas o Senhor disse: "Não se preocupem com ele; eu vou afogá-lo no mar e vocês não mais o verão!"

Eu rogo para que todo faraó, todo faraó teimoso, seja afogado e você não precise mais vê-lo! Talvez você precise jejuar não só uma vez; talvez você precise jejuar dez vezes. Foram necessárias dez pragas para quebrar o poder do faraó. Está na hora de quebrar esses faraós teimosos. Às vezes um faraó é uma pessoa — um demônio controlador, uma bruxa, um bruxo, uma Jezabel, uma pessoa que quer controlar sua vida, sua igreja.

Eu odeio usar este exemplo, mas é o que me vem à mente. Em *O mágico de Oz*, quando a Bruxa Malvada do Leste ameaça outra bruxa, ela ri e responde: "Ha, ha, ha! Besteira. Você não tem poder aqui!" Do mesmo jeito, você precisa rir diante do diabo. Quando ele ameaçar você, ria dele: "Ha, ha, ha! Besteira. Você não tem poder aqui!" Eu assisto a esse filme só para ver essa parte. Eu sei que é uma bruxa falando com outra, mas tire a parte das bruxas e você vai entender.

Não deixe os espíritos demoníacos ameaçarem você! Não me importa se eles estão voando pela sala montados em uma vassoura e usando chapéus pretos. Declare: "Nenhuma bruxa, nenhum bruxo ou Jezabel vai controlar minha vida. Eu sou servo de Jesus Cristo, e aquele que o Filho liberta é livre de fato. Nenhum apóstolo, nem doutor apóstolo, nem bispo, nem arcebispo, nem arcebispo de luxo... Não me importa qual seja o seu título... Nenhum profeta, nem profetisa; seja lá como o chamem, você não vai controlar minha vida. Você não vai me dominar, me manipular e me intimidar. O diabo é um mentiroso!"

Às vezes é preciso mais do que uma praga, uma batalha ou uma vitória para derrotar inimigos teimosos. Existe um segredo em relação a esses teimosos. Você atinge o inimigo, mas ele continua voltando. Parecia não importar o que Deus fazia para afastar o faraó dos filhos de Israel, ele não deixava o povo de Deus em paz. Até mesmo os conselheiros do faraó disseram: "Isso é o dedo de Deus. Você não pode lutar contra Deus" (ver Êxodo 8:19). No fim das contas, até o faraó teve de se ajoelhar perante o Rei dos reis.

Está na hora de acertar o diabo. Não vamos deixar os demônios em paz, ainda que eles clamem: "Deixem-nos em paz" (ver Marcos 1:23-24). Nós vamos pressioná-los, vamos amarrá-los, repreendê-los, expulsá-los; vamos orar, jejuar e combater os poderes do inferno. Eles já ficaram em paz por muito tempo. Ninguém estava orando, jejuando, exercendo autoridade e orando. Por isso eles tomaram conta de gerações inteiras. Eles fizeram o que queriam. Mas agora há uma nova geração surgindo. Agora há pastores, profetas, apóstolos, professores,

Jejuar aumenta a força na guerra demorada 37

evangelistas e fiéis que não deixarão o inimigo em paz, até ele ser destruído!

Confissões de nunca mais

Nunca mais o faraó (Satanás) vai me controlar, porque eu fui libertado de seu poder.

Nunca mais vou permitir que o diabo faça o que quiser em minha vida, pois vou resistir ao diabo, e ele fugirá de mim (Tiago 4:7).

Nunca mais vou ouvir ou acreditar nas mentiras do diabo, pois ele é mentiroso e pai da mentira (João 8:44).

Nunca mais vou ser perturbado por espíritos imundos (Lucas 6:18).

Nunca mais vou ser perturbado pelo inimigo (Mateus 9:36).

Nunca mais vou ser preso, porque o Filho me libertou. Eu de fato sou livre (João 8:36).

Nunca mais vou deixar os demônios da mente dividida e instável me confundirem e me fazerem indeciso (Tiago 1:8).

Nunca mais vou permitir que maldições atrasem minha vida. Eu destruo toda maldição, pois fui redimido das maldições (Gálatas 3:13).

Nunca mais vou abrir a porta para os demônios entrarem em minha vida através da falta de perdão (Mateus 18:35).

Nunca mais vou abrir a porta para os demônios entrarem em minha vida através do pecado rotineiro.

Nunca mais vou abrir a porta para os demônios entrarem em minha vida através do ocultismo.

Nunca mais vou abrir a porta para os demônios entrarem em minha vida através da rebeldia e da desobediência.

Nunca mais vou deixar o demônio da mente controlar meus pensamentos.

Eu rompo todos os tentáculos do controle mental.

Nunca mais vou deixar espíritos de serpente e escorpião afetarem minha vida, porque tenho poder para pisar neles.

Nunca mais vou deixar o inimigo ser meu mestre; Jesus é meu Senhor.

Nunca mais vou tolerar as obras do diabo em minha vida, pois Jesus veio para destruir as obras do diabo (1João 3:8).

Nunca mais vou baixar meus padrões e minha santidade; a Palavra de Deus será minha medida, não os padrões do mundo (2Coríntios 10:2).

Nunca mais vou deixar o inimigo controlar nenhuma parte da minha vida, porque ela está sob controle do Espírito e da Palavra de Deus.

Nunca mais vou permitir que o inimigo controle meu destino, porque Deus é o revelador e determinador do meu destino.

Nunca mais vou permitir que o inimigo aborte nenhum plano de Deus para minha vida.

Nunca mais vou permitir que alguém me afaste do amor de Deus, porque me comprometo a caminhar no amor, porque Deus é amor (1João 4:7-8).

Nunca mais vou fechar as portas da minha compaixão (1João 3:17).

Nunca mais vou procurar meus interesses, porque o amor não procura os próprios interesses (1Coríntios 13:5).

Nunca mais vou me irar facilmente, porque o amor não se ira facilmente (1Coríntios 13:5).

Nunca mais vou guardar rancor, porque o amor não guarda rancor (1Coríntios 13:5).

Nunca mais vou me alegrar com a injustiça, porque o amor não se alegra com a injustiça (1Coríntios 13:6).

Nunca mais vou perder a esperança, pois o amor tudo espera (1Coríntios 13:7).

Nunca mais vou desistir, pois o amor tudo suporta (1Coríntios 13:7).

Nunca mais vou permitir que o acusador me acuse, pois fui lavado e purificado pelo sangue do Cordeiro (Apocalipse 1:5; 7:14).

Nunca mais vou deixar o pranto e a tristeza tomarem conta de minha alma, pois o Senhor removeu de mim todo pranto e choro de tristeza (Isaías 65:19).

Nunca mais vou permitir que o céu esteja ausente de minha vida, porque o Senhor me abriu as comportas do céu (Malaquias 3:10).

CAPÍTULO 5

JEJUANDO PARA SUPERAR O ESPÍRITO DO MEDO

Pois Deus não nos deu espírito de covardia, mas de
poder, de amor e de equilíbrio.
— 2 TIMÓTEO 1:7

O medo é um espírito paralisante, que amarra as pessoas em muitas áreas diferentes da vida. Esse espírito se manifesta de diferentes maneiras: medo da rejeição (seja a rejeição alheia ou a rejeição a si próprio), medo do abandono, medo de se machucar, medo de autoridade (incluindo sentir medo de pastores), medo de bruxaria, medo na carreira profissional, medo da morte, medo do fracasso, medo do futuro, medo da responsabilidade, medo do escuro, medo de ficar sozinho, medo do que as pessoas pensam de você, medo do que as pessoas dizem de você, medo do inferno, medo de demônios e da libertação, medo da pobreza, medo de germes, medo da escuridão, medo do casamento, medo de cachorro, medo de acidentes, medo de homens, medo de Jezabel, medo do confronto, medo da pobreza e muitos mais.

Também existem medos extremos, como fobias, ataques de pânico, terror, apreensão, medo súbito e outros. A verborragia, o nervosismo, a preocupação, a ansiedade e a tensão também podem fazer parte desse grupo de demônios, todos ligados à rejeição.

Todas essas manifestações precisam ser quebradas, em nome de Jesus.

O jejum rompe o poder do medo

Não tenha medo, ó terra; regozije-se e alegre-se. O Senhor tem feito coisas grandiosas!

— Joel 2:21

Você deseja ver coisas grandiosas acontecerem em sua vida e na vida da sua família? Pois o Senhor deseja fazer coisas grandiosas para seu povo. O jejum vai quebrar o espírito do medo em sua vida e na vida da sua família, e vai preparar o caminho para coisas grandiosas acontecerem. Entre essas coisas grandiosas, estão sinais e maravilhas.

Ore

Em nome de Jesus, eu me liberto de todo medo, inclusive de medos de infância, medos causados por traumas, medos do passado e todos os medos herdados. Amém.

Declarações de libertação da rejeição

Eu declaro que me santificaste com tua Palavra; tua Palavra sobre mim é verdade (João 17:17).

O Senhor é a minha luz e a minha salvação; é o meu forte refúgio; não terei medo de nada nem de ninguém (Salmos 27:1).

Eu creio no que disseste sobre mim, e o aceito.

Tua verdade me liberta do espírito da rejeição.

Tu pregaste minha rejeição à Cruz. Eu fui libertado.

Foste desprezado e rejeitado, estás familiarizado com o sofrimento. Mas, pelas tuas feridas, eu fui curado da rejeição (Isaías 53:3-5).

O Senhor está comigo, não temerei. O que me podem fazer os homens (Salmos 118:6)?

As divisas caíram para mim em lugares agradáveis: tenho uma bela herança (Salmos 16:6)!

Eu fui abençoado com todas as bênçãos espirituais nas regiões celestiais em Cristo (Efésios 1:3).

Eu fui escolhido por Deus antes da criação do mundo (Efésios 1:4).

Eu sou santo e irrepreensível (Efésios 1:4).

Eu fui adotado como filho, conforme o bom propósito da sua vontade (Efésios 1:5).

Eu fui aceito no Amado (Efésios 1:6).

Eu fui redimido por meio do sangue de Jesus (Efésios 1:7).

Eu sou seu herdeiro (Efésios 1:11).

Eu estou assentado nos lugares celestiais em Cristo Jesus (Efésios 2:6).

Eu sou criação de Deus realizada em Cristo Jesus para fazer boas obras (Efésios 2:10).

Eu sou concidadão dos santos e membros da família de Deus (Efésios 2:19).

Eu recebi grandiosas e preciosas promessas, para que por elas eu me tornasse participante da natureza divina (2Pedro 1:4).

Ele fortaleceu o íntimo do meu ser com poder, por meio do seu Espírito (Efésios 3:16).

Eu estou arraigado e alicerçado em amor (Efésios 3:17).

Eu fui renovado no modo de pensar (Efésios 4:23).

Eu vivo em amor (Efésios 5:2).

Eu estou cheio do Espírito de Deus (Efésios 5:18).

Eu sou mais que vencedor (Romanos 8:37).

Eu venci pelo sangue do Cordeiro (Apocalipse 12:11).

Eu sou um justo de Deus em Cristo Jesus (2Coríntios 5:21).

Eu fui curado (1Pedro 2:24).

O Filho me libertou (João 8:36).

Eu nasci de Deus; portanto, sou vitorioso (1João 5:4).

Orações para alcançar a segurança e a proteção divina

Que o anjo do Senhor seja sentinela ao meu redor e me proteja (Salmos 34:7).

Ampara-me, e estarei seguro (Salmos 119:117).

O nome de Jesus é uma torre forte. Eu corro para ela e fico seguro (Provérbios 18:10).

Tu, Senhor, me fazes viver em segurança (Salmos 4:8).

Dá-me a segurança contra aqueles que me atacam (Salmos 12:5).

Permite que eu viva em segurança em minha terra (Levítico 26:5).

Guia-me em segurança, e não terei medo. Que meus inimigos afundem no mar (Salmos 78:53).

Permite que eu descanse em segurança (Jó 11:18; Isaías 14:30).

Que eu possa viver em segurança; e ninguém me cause medo (Ezequiel 34:28).

44 JEJUM - PROGRESSO E LIBERTAÇÃO

Protege-me como a menina dos teus olhos; esconde-me à sombra das tuas asas (Salmos 17:8).

Eu vou refugiar-me no abrigo das tuas asas (Salmos 61:4).

Eu me refugiarei à sombra das tuas asas (Salmos 57:1).

Sê meu refúgio e esconderijo contra a tempestade e a chuva (Isaías 4:6).

Sê meu esconderijo contra o vento e contra a tempestade (Isaías 32:2).

Tu me proteges a cabeça no dia da batalha (Salmos 140:7).

Cobre-me com a sombra da tua mão (Isaías 51:16).

Cobre-me com as suas penas (Salmos 91:4).

Sê o meu refúgio e abrigo seguro (Salmos 59:16).

Protege-me e liberta-me (Isaías 31:5).

Que tua glória me cubra (Isaías 4:5).

Livra-me dos meus inimigos (Salmos 59:1).

Senhor, tu és o meu abrigo e o meu escudo (Salmos 119:114).

Senhor, protege-me com teu escudo de proteção (Salmos 5:12).

Abate-os, Senhor, meu escudo (Salmos 59:11).

Que tua fidelidade seja meu escudo (Salmos 91:4).

Senhor, sê meu sol e escudo (Salmos 84:11).

Senhor, sê meu escudo e grande recompensa (Gênesis 15:1).

Não me assustam os milhares que me cercam, porque tu és um escudo para mim (Salmos 3:1-6).

Tu és uma torre forte contra o inimigo (Salmos 61:3).

CAPÍTULO 6

JEJUANDO PARA SUPERAR A DÚVIDA E A INCREDULIDADE

E não realizou muitos milagres ali, por causa da
incredulidade deles.
— MATEUS 13:58

[Jesus] respondeu: "Por que a fé que vocês têm é pequena. Eu lhes asseguro que, se vocês tiverem fé do tamanho
de um grão de mostarda, poderão dizer a este monte: 'Vá
daqui para lá', e ele irá. Nada lhes será impossível."
— MATEUS 17:20

A incredulidade é um inimigo que afeta a realização de milagres. Jesus não conseguia operar no poder de Deus por conta da incredulidade das pessoas. Os discípulos não conseguiram expulsar um demônio poderoso, por conta da incredulidade. É importante remover a incredulidade de sua vida. Uma das maneiras de alcançar esse objetivo é por meio do jejum e da oração. Jejuar e orar ajuda a remover os obstáculos à fé e às ações imbuídas de fé. Durante o grande reavivamento de cura ocorrido entre 1948 e 1957, muitas pessoas buscaram um ministério de cura. Franklin Hall escreveu um livro importantíssimo: *The Atomic Power With God With Prayer and Fasting* [O poder atômico de Deus com a oração e o jejum]. Ele chamou o jejum de "oração altamente carregada". No livro, ele diz que a carne tem três necessidades ou desejos primários (comida, sexo e poder), e que, desses três, a necessidade de comida é dominante.

Esses desejos naturais são válidos, mas podem facilmente se tornar muito preponderantes (um desejo desequilibrado significa luxúria) e nos dominar. É por isso que o jejum é a maneira correta de exercer controle sobre a carne onde mais importa. O jejum acompanhado da oração é uma das armas mais poderosas para alcançar o progresso e para superar a incredulidade. Jesus precedeu seu ministério com o jejum e retornou à Galileia cheio do poder do Espírito. Jesus precisou lutar contra a incredulidade e operou em fé em todo o seu ministério. Quando desafiado pela incredulidade em alguma situação, eu recomendo a você jejuar e orar para alcançar o progresso.

Orações que despertam uma fé especial

Eu vou romper toda amarra que busca me aprisionar, guiando-me pela fé e vendo aquele que é invisível (Hebreus 11:27).

Eu decreto e declaro que, pela fé, vou atravessar minhas provações como em terra seca; mas meus inimigos morrerão afogados (Hebreus 11:29).

Eu vou rodear as paredes irremovíveis de minha vida e, pela fé, elas cairão (Hebreus 11:30).

Eu vou conquistar reinos, praticar a justiça, alcançar o cumprimento de promessas e fechar a boca de leões, por causa da minha fé (Hebreus 11:33).

Eu permaneço firme e fui ungido por Deus (2Coríntios 1:21).

Vou usar o meu grão de mostarda e direi ao monte da doença e da enfermidade em minha vida: "Vá daqui para lá." Nada me será impossível (Mateus 17:20).

Eu declaro que tenho fé incomum e imensurável no poder de Jesus Cristo e que essa fé não se encontra em outro lugar (Mateus 8:10).

Eu rogo como rogaram seus discípulos ungidos: "Aumenta minha fé!" (Lucas 17:5).

Não vou duvidar da promessa de Deus, mas serei fortalecido em fé e darei glória a Deus (Romanos 4:20).

Minha fé aumenta quanto mais eu ouço, e eu ouço mediante a Palavra de Deus (Romanos 10:17).

Vou caminhar pela fé, e não pelo que vejo (2Coríntios 5:7).

Eu declaro que sinto a substância e vejo as provas das coisas em que tenho fé (Hebreus 11:1).

Pelos olhos da fé, eu vejo promessas de coisas muito distantes. Estou convencido da realidade de tais coisas. Eu as abraço, reconhecendo que sou estrangeiro e peregrino na terra (Hebreus 11:13).

Vou permanecer firme, sem duvidar. Irei diante de Deus, pedindo com fé (Tiago 1:6).

Não vou naufragar na vida, porque tenho fé e boa consciência (1Timóteo 1:19).

Eu declaro que minha fé e minhas obras atuam juntas, e minha fé é aperfeiçoada por minhas obras (Tiago 2:22).

Eu mostrarei a minha fé pelas minhas obras (Tiago 2:18).

Pela fé que tenho em Jesus, disponho da coragem e da confiança para me aproximar de Deus (Efésios 3:12).

Eu sou filho de Abraão, porque tenho fé (Gálatas 3:7).

48   JEJUM - PROGRESSO E LIBERTAÇÃO

Eu sou filho de Deus mediante a fé em Cristo Jesus (Gálatas 3:26).

Eu caminho em paz, pois minha fé me salvou (Lucas 7:50).

Minha fé está viva (Tiago 2:17).

O Espírito de Deus me deu o dom da fé (1Coríntios 12:9).

Eu tenho fé em Deus (Marcos 11:22).

Que me seja feito segundo a fé que tenho (Mateus 9:29).

Nenhum homem tem domínio sobre minha fé. É pela fé que permaneço firme (2Coríntios 1:24).

Como Estêvão, eu realizo grandes maravilhas e sinais, porque estou cheio da graça (Atos 6:8).

Minha fé não se baseia na sabedoria humana, mas no poder de Deus (1Coríntios 2:5).

Eu não me tornarei negligente, mas imitarei aqueles que, por meio da fé e da paciência, recebem a herança prometida (Hebreus 6:12).

O justo viverá pela fé (Romanos 1:17).

A justiça de Deus me é revelada mediante a fé em Jesus (Romanos 3:22).

Sou justificado pela fé em Jesus (Romanos 3:26).

Pela fé, eu tenho acesso à glória de Deus (Romanos 5:2).

Sou ressuscitado mediante a fé em Cristo (Colossenses 2:12).

Pela fé, eu recebo a promessa de Deus em minha vida (Gálatas 3:22).

Minha fé e minha esperança estão em Deus (1Pedro 1:21).

Minha fé não desfalecerá (Lucas 22:32).

Pela fé, a promessa de Deus é garantida a mim, semente de Abraão (Romanos 4:16).

Eu faço uma oração com fé e verei ser curado o doente; o Senhor o levantará (Tiago 5:15).

Jejuando para superar a dúvida e a incredulidade

Eu uso o escudo da fé e apago todas as setas inflamadas do Maligno (Efésios 6:16).

Eu visto a couraça da fé e do amor (1 Tessalonicenses 5:8).

Eu alcançarei uma excelente posição e grande determinação na fé em Cristo Jesus (1 Timóteo 3:13).

CAPÍTULO 7

JEJUANDO PARA QUEBRAR O ESPÍRITO DA POBREZA

Toquem a trombeta em Sião, decretem jejum santo,
convoquem uma assembleia sagrada [...] Então o
SENHOR mostrou zelo por sua terra e teve piedade do
seu povo. O SENHOR respondeu ao seu povo: "Estou
lhes enviando trigo, vinho novo e azeite, o suficiente
para satisfazê-los plenamente; nunca mais farei de
vocês motivo de zombaria para as nações [...] As eiras
ficarão cheias de trigo; os tonéis transbordarão de
vinho novo e de azeite. Vou compensá-los pelos anos
de colheitas que os gafanhotos destruíram."
— JOEL 2:15,18-19,24-25

Existem fiéis que doam. Esses acreditam em Deus. Mas
eles se sentem mal por não conseguirem alcançar progresso financeiro. Parece que não conseguem arranjar emprego
ou novas oportunidades para seus negócios. Esses fiéis parecem
não conseguir superar esse problema e, por isso, acabam deprimidos. Eles sentem como se não tivessem fé suficiente, que

talvez não acreditem em Deus o suficiente ou que talvez não tenham sido salvos como os outros; talvez não estejam próximos de Deus, talvez Deus não goste desses fiéis ou talvez Deus não os favoreça como ele favorece outros fiéis. Isso pode ser sinal de um espírito persistente de pobreza, que pode estar na família há gerações — talvez seja uma maldição ou um espírito que afeta gerações —, e ele simplesmente não quer partir. Mas eu acredito que, para Deus, nada é impossível. Talvez seja hora de jejuar e orar até alcançar algum progresso.

No livro de Joel, o profeta oferece ao povo a resposta adequada a uma invasão de gafanhotos, e essa resposta pode ajudar os fiéis de hoje a alcançar libertação na área financeira. Um gafanhoto representa um demônio que devora. Gafanhotos representam os espíritos da pobreza e da necessidade. Os gafanhotos surgem em Israel e devoram a colheita. Então Joel recomenda que o povo jejue e se arrependa. Deus promete ouvir as orações das pessoas e responder mandando trigo, vinho e azeite.

Trigo, vinho e azeite representam prosperidade. O jejum quebra o espírito da pobreza e libera o espírito da prosperidade. Eu já conheci inúmeros fiéis com dificuldades financeiras. A prosperidade é algo que foge a muita gente. Isso acontece porque os demônios da pobreza ainda não foram amarrados por meio do jejum e da oração.

Em Deuteronômio 8:3,7-9,18 Deus permite que seu povo passe fome no deserto, e os alimenta apenas com maná. O povo de Deus comeu maná durante quarenta anos. Isso foi necessário para que eles chegassem à Terra Prometida. O jejum prepara um fiel para a boa terra, uma terra que não conhece escassez. É uma terra onde não existem necessidades. O jejum humilha a alma (Salmos 35:13). Deus recompensa aqueles que jejuam (Mateus 6:18). Muitas bênçãos recaem sobre quem compreende o poder do jejum e o emprega.

O jejum é um dos meios pelos quais podemos romper uma fortaleza de pobreza que resiste por gerações. O jejum prepara o fiel para a prosperidade ao levar a um lugar de humildade. Deus prometeu exaltar o humilde (1Pedro 5:6). A estabilidade financeira é parte dessa exaltação. Deus concede graça (favor) ao humilde (Tiago 4:6). Esse favor é parte da prosperidade financeira. O jejum libera a graça e o favor divino sobre a vida de uma pessoa, e vai servir para quebrar o ciclo de pobreza e fracasso.

Orações para alcançar a prosperidade e a libertação financeira

Eu quebro todas as ações do inimigo contra minhas finanças, em nome de Jesus.

Eu quebro todas as maldições de pobreza, de necessidade, de dívida e de fracasso, em nome de Jesus.

Eu busco em primeiro lugar o Reino de Deus e a sua justiça, e todas essas coisas me serão acrescentadas (Mateus 6:33).

Eu repreendo e expulso todo espírito de gafanhoto peregrino, de gafanhoto devastador, de gafanhoto devorador e de gafanhoto cortador que consome minhas bênçãos, em nome de Jesus (Joel 2:25).

Senhor, ensina-me o que é melhor para mim e dirige-me no caminho em que devo ir (Isaías 48:17).

Tu és Jeová Jiré, meu provedor (Gênesis 22:14).

Tu és El Shaddai, o Deus do mais que suficiente.

Grande riqueza há em minha casa, porque eu temo o Senhor e me delicio enormemente em seus mandamentos (Salmos 112:1-3).

As bênçãos do Senhor em minha vida me fazem rico.

Sou abençoado quando vou e abençoado quando volto.

Eu sou servo de Deus, e ele se alegra com meu bem-estar (Salmos 35:27).

Jesus se fez pobre para que, por meio de sua pobreza, eu me tornasse rico (2Coríntios 8:9).

Eu medito na Palavra dia e noite, e tudo que eu faço prospera (Salmos 1:3).

Que haja paz dentro dos meus muros, e prosperidade em meu palácio (Salmos 122:7).

Faze que hoje este teu servo seja bem-sucedido (Neemias 1:11).

O Deus dos céus fará com que eu seja bem-sucedido (Neemias 2:20).

Eu vivo na prosperidade do Rei (Jeremias 23:5).

Por seu favor, eu prosperarei (Gênesis 39:2).

Senhor, tu me chamaste e eu serei bem-sucedido em minha missão (Isaías 48:15).

Senhor, libera a riqueza do pecador em minhas mãos (Provérbios 13:22).

Senhor, conduze-me a um lugar de fartura (Salmos 66:12).

Eu dou, e me é dado — boa medida, calcada, sacudida e transbordante (Lucas 6:38).

Abra as comportas dos céus em minha vida, para que eu receba tantas bênçãos que nem terei onde guardá-las (Malaquias 3:10).

Que todo furo em minha bolsa seja fechado, em nome de Jesus (Ageu 1:6).

Repreende as pragas em meu favor (Malaquias 3:11).

Que suas chuvas de bênçãos caiam em minha vida (Ezequiel 34:26).

Que meus tonéis transbordem (Joel 2:24).

Que meus celeiros fiquem plenamente cheios e meus barris transbordem de vinho (Provérbios 3:10).

Envia suas bênçãos aos meus celeiros (Deuteronômio 28:8).

Que meus celeiros sejam cheios das mais variadas provisões. Que meus rebanhos se multipliquem aos milhares e às dezenas de milhares. Que meu gado seja forte para trabalhar (Salmos 144:13-14).

Conduze-me à terra onde não faltará nada (Deuteronômio 8:9).

CAPÍTULO 8

JEJUANDO PARA QUEBRAR OS CICLOS DE FRACASSO E DERROTA

Que harmonia há entre Cristo e Belial?
— 2CORÍNTIOS 6:15

Cristo nos redimiu da maldição da lei quando se
tornou maldição em nosso lugar, pois está escrito:
"Maldito todo aquele que for pendurado num
madeiro."
— GÁLATAS 3:13

Você acha que o fracasso e a frustração são o que lhe cabe nesta vida? Acha que sua vida se caracteriza por azar e atraso contínuos? Você acha que, não importa o que você faça, parece não conseguir alcançar as bênçãos do Senhor?

Geralmente a maior frustração em um cenário como esse é o fato de você ser fiel e amar o Senhor. De acordo com Gálatas 3:13, nós fomos redimidos da maldição. Em outras palavras, Jesus se tornou maldição em nosso lugar. Se isso é verdade, então como é possível que um fiel ainda sofra com uma maldição?

Infelizmente ainda há muitos fiéis sofrendo com maldições, ainda que todos nós tenhamos sido legalmente redimidos delas. Assim como um fiel talvez tenha de lutar a boa batalha da fé para alcançar a cura, é possível que esse mesmo fiel tenha de lutar a boa batalha da fé contra uma maldição. Muitas maldições que afetam a vida das pessoas são resultados de um dos espíritos mais vis e perversos do reino da escuridão — o espírito de *Belial*.

Belial é um espírito que comanda a escuridão. Existe toda uma hoste de demônios que agem sob o comando dele amaldiçoando a vida das pessoas. Ao observar as práticas e os pecados que estão acontecendo no mundo nos dias de hoje, sei que o espírito de Belial está por trás de tudo isso. Belial é um espírito forte em muitas nações. Belial é um comandante internacional da maldade. Jesus ensinou a necessidade de amarrar esse comandante para atrapalhar suas ações (Mateus 12:29).

As orações deste capítulo foram pensadas para este fim: enquanto você ora, Belial, o comandante internacional da maldade, vai sendo amarrado e o controle demoníaco que ele exerce sobre você, sua família e sua comunidade vai se desfazendo. Mas, primeiro, vamos entender o que o jejum faz ao ser acompanhado desse tipo de oração.

O jejum faz você produzir mais frutos (ver Joel 2:22).

Jejuar aumenta os frutos na vida de um fiel, incluindo-se aí o fruto do Espírito. Deus deseja que seu povo produza muitos frutos. Jejuar ajuda o ministério, os negócios e a carreira a renderem mais frutos.

O jejum libera a chuva
(ver Joel 2:23)

A chuva representa o derramamento do Espírito Santo. Também representa bênçãos e renovação. Israel precisava da chuva para umedecer o solo para o plantio. Mas também precisava da chuva para que as plantações amadurecessem. Deus prometeu enviar a chuva como resposta ao jejum.

O jejum umedece o solo (o coração) para o plantio da semente (a Palavra). O jejum faz a chuva cair em lugares secos. Se faz tempo desde que você experimentou um renascimento em seu espírito, o Senhor pode fazer a chuva do reavivamento cair em sua vida pelo jejum, de modo que você seja reavivado e renovado.

O jejum rompe limitações, traz favor e engrandecimento (ver Ester 4:14-16).

O jejum foi parte da estratégia para derrotar os planos que Hamã tinha para destruir os judeus. No entanto, toda a nação de Israel foi libertada por causa do jejum. Ester precisava do favor do rei e o recebeu como resultado do jejum. O jejum traz o favor e leva a grandes libertações. Os judeus não só derrotaram os inimigos, como também alcançaram um engrandecimento. Mardoqueu acabou promovido e Hamã foi enforcado.

Esse engrandecimento vem pelo jejum. O jejum rompe limitações e abre espaço para a expansão e o crescimento. Deus deseja aumentar nossos limites (Deuteronômio 12:20). Deus quer que tenhamos mais território, tanto físico quanto espiritual. O jejum rompe as limitações e leva ao crescimento.

58   JEJUM - PROGRESSO E LIBERTAÇÃO

O jejum fará você alcançar uma grande vitória, mesmo com chances ínfimas (ver 2Crônicas 20:3).

Josafá estava enfrentando os exércitos de Moabe, Amon e Edom ao mesmo tempo. As chances de sucesso eram ínfimas, mas o jejum o ajudou a derrotar os inimigos. O jejum nos ajuda a alcançar a vitória em meio à derrota.

Josafá decidiu jejuar porque estava com medo. O medo é outra fortaleza que muitos fiéis têm dificuldade de superar. Não obstante, o jejum rompe o poder do demônio do medo. Os espíritos do terror, do pânico, da apreensão e da timidez podem ser superados com o jejum. A libertação do medo é um requisito para se viver uma vida vitoriosa.

Orações para alcançar as bênçãos e o favor divino

Senhor, abençoa-me e guarda-me. Faz resplandecer o teu rosto sobre mim e concede-me graça. Senhor, volta para mim o teu rosto e dá-me paz (Números 6:24-26).

Faze para comigo como a Efraim e a Manassés (Gênesis 48:20).

Que eu tenha a fartura do favor e seja repleto de tuas bênçãos (Deuteronômio 33:23).

Senhor, ordena que suas bênçãos encham minha vida.

Dá-me a revelação e me abençoa (Mateus 16:17).

Eu sou a semente de Abraão por meio de Jesus Cristo e recebo a bênção de Abraão. Senhor, abençoa-me e traze-me multiplicação como as estrelas do céu e a areia da praia.

Que tuas chuvas de bênção caiam em minha vida (Ezequiel 34:26).

Transforma toda maldição contra mim em bênção (Neemias 13:2).

Que tua bênção me traga riqueza (Provérbios 10:22).

Que todas as nações me chamem feliz (Malaquias 3:12).

Que todas as gerações me chamem bem-aventurado (Lucas 1:48).

Eu sou filho do Bendito (Marcos 14:61).

Eu viverei no reino do Bendito (Marcos 11:10).

Minhas transgressões foram perdoadas e eu fui abençoado (Romanos 4:7).

Senhor, todo dia, suporta as minhas cargas (Salmos 68:19).

Eu fui escolhido por Deus e fui abençoado (Salmos 65:4).

Meus filhos serão abençoados (Salmos 37:26).

Que eu receba a terra por herança (Salmos 37:22).

Eu sou parte de uma nação santa e sou abençoado (Salmos 33:12).

Senhor, abençoa o final da minha vida mais do que o início (Jó 42:12).

Senhor, que tua presença abençoe minha vida (2Samuel 6:11).

Eu bebo do cálice da bênção (1Coríntios 10:16).

Senhor, abençoa-me e faz resplandecer o teu rosto sobre mim; que sejam conhecidos na terra os teus caminhos, a tua salvação entre todas as nações. Que minha terra dê a sua colheita e que te temam todos os confins da terra (Salmo 67).

Sei que me queres bem, pois o meu inimigo não triunfa sobre mim (Salmos 41:11).

Senhor, sê favorável à minha terra (Salmos 85:1).

Senhor, dá-me vida e sê bondoso para comigo (Jó 10:12).

Senhor, com o teu favor, dá-me firmeza e estabilidade (Salmos 30:7).

Senhor, eu busco o teu favor (Salmos 45:12).

O teu favor exalte a minha força (Salmos 89:17).

Senhor, o tempo certo é chegado para o teu favor (Salmos 102:13).

Lembra-te de mim, ó Senhor, quando tratares com bondade o teu povo; vem em meu auxílio quando o salvares (Salmos 106:4).

Senhor, de todo o coração. suplico a tua graça (Salmos 119:58).

Seja teu favor como nuvem de chuva na primavera (Provérbios 16:15).

Esteja tua beleza em minha vida; permite que eu seja abençoado (Gênesis 29:17).

Eu serei enormemente agraciado (Lucas 1:28).

Senhor, permite que eu receba favor extraordinário.

Orações para alcançar engrandecimento

Rompe em minha vida toda limitação e restrição colocadas por espíritos malignos, em nome de Jesus.

Eu amarro e expulso todo espírito de cobra e serpente, em nome de Jesus.

Abençoa-me e aumenta as minhas terras. Que a tua mão esteja comigo, guardando-me do mal (1Crônicas 4:10).

Expulsa meus inimigos e amplia o meu território (Êxodo 34:24).

Senhor, tu prometeste aumentar o meu território (Deuteronômio 12:20).

Aumenta meu coração, para que eu possa correr pelo caminho que os teus mandamentos apontam (Salmos 119:32).

Que minha boca se exalte sobre os meus inimigos (1Samuel 2:1).

Aumenta meus passos, para que eu receba de ti riqueza e prosperidade (Isaías 60:5-9).

Jejuando para quebrar os ciclos de fracasso e derrota   61

Eu recebo livramento e engrandecimento em minha vida (Ester 4:14).

Que o Senhor multiplique a mim e aos meus filhos (Salmos 115:14).

Que o teu Reino e o teu governo aumentem em minha vida (Isaías 9:7).

Efetue o crescimento do conhecimento dado por Deus (Colossenses 2:19).

Ó Senhor, abençoa-me e me torne muitos (Isaías 51:2).

Que eu fique extremamente rico (Gênesis 30:43).

Que eu aumente com o crescimento dado por Deus (Colossenses 2:19).

Que cresça e transborde o amor (1Tessalonicenses 3:12).

Tu me farás mais honrado e mais uma vez me consolarás (Salmos 71:21).

Que eu cresça em sabedoria e estatura (Lucas 2:52).

Que eu me fortaleça e confunda os adversários (Atos 9:22).

Que tua graça e teu favor aumentem em minha vida.

Sejam meus dias multiplicados e o tempo de minha vida prolongado (Provérbios 9:11).

Que a Palavra de Deus se espalhe em minha vida (Atos 6:7).

Abençoa-me em todos os meus aumentos (Deuteronômio 14:22).

Aumenta minhas ofertas e meus dízimos (Deuteronômio 14:22).

CAPÍTULO 9

JEJUANDO PARA QUEBRAR OS ESPÍRITOS DA PROCRASTINAÇÃO, DA PASSIVIDADE E DA PREGUIÇA

A preguiça prevalece pouco a pouco sobre o fiel, a
menos que seja corrigida.[1]
— JOÃO CALVINO

Jesus sabia, desde cedo, que precisaria demonstrar interesse no trabalho de seu pai. Algumas pessoas sempre sonham com o amanhã sem fazer nada hoje. Aquilo que você faz hoje é o que determina se você terá sucesso amanhã. O sucesso é resultado da ação.

Todo procrastinador é cheio de desculpas. É preciso eliminar todas as desculpas que impedem você de fazer aquilo que lhe foi ordenado. A desculpa de Moisés era a dificuldade de discurso. A desculpa de Jeremias era a juventude. Não há desculpa pela qual valha a pena interromper seu caminho em direção a Deus. A graça dele é suficiente. Nenhum vencedor permite que desculpa alguma fique no caminho da vitória.

Procrastinação e indecisão

A indecisão resulta em procrastinação, falta de comprometimento, confusão, esquecimento e indiferença. A indecisão é um dos problemas mais debilitantes da vida, porque a vida se baseia em tomar decisões. A indiferença é uma atitude que leva uma pessoa a evitar a tomada de decisão.

A procrastinação é outro meio de evitar uma decisão, porque transfere essa decisão para um período futuro. Ela também pode estar enraizada no medo de tomar decisões. São as escolhas que fazemos que pavimentam o caminho para o sucesso ou para o fracasso. Uma pessoa indecisa acha difícil tomar decisões e costuma mudar de ideia depois de decidir. Isso resulta em fragilidade e em sempre questionar uma decisão; mas uma tomada de decisão apropriada resulta em sabedoria e em uma personalidade estável.

Passividade e preguiça

Algumas pessoas são passivas e preguiçosas demais para conseguir levar uma vida de sucesso e vitória. Pessoas bem-sucedidas são praticantes da Palavra (Tiago 1:22). Eu costumo ensinar bastante sobre o perigo da passividade.

A passividade causa apatia, letargia, tristeza contínua, choro, derrotismo, abatimento, desespero, desânimo, perda de coragem. Leva ao escapismo, à fadiga, ao mau humor, à gula, à dor, à culpa, à dor no coração, ao desamparo, à solidão, à hiperatividade, à indiferença, a feridas internas, à insônia, à preguiça, à solidão, à lamentação, à negatividade, à rejeição, à autopiedade, à tristeza e ao cansaço. É muito comum ouvir uma pessoa lutando contra a passividade dizer que sente como se estivesse "empacada", sem conseguir chegar a lugar nenhum.

A passividade imobiliza a pessoa. A passividade resulta em recolhimento e letargia, ela remove o desejo natural de ser "agressivo" na vida. Pessoas passivas não perseguem nada nem vão atrás do que precisam para ter sucesso na vida. Uma pessoa passiva deixa que os outros ajam por ela.

A preguiça é apatia, imobilidade, inação, indolência, languidez, demora, letargia, desânimo, melancolia, passividade, retardo, cansaço. A preguiça é uma aversão ao trabalho ou à ação. Uma pessoa preguiçosa tem as características de um bicho-preguiça. Um bicho-preguiça é um animal que se move devagar e costuma ficar parado.

A preguiça vai tomá-lo em servidão: "As mãos diligentes governarão, mas os preguiçosos acabarão escravos" (Provérbios 12:24).

O preguiçoso vive enrolado. O caminho da preguiça é doloroso. "O caminho do preguiçoso é cheio de espinhos [que furam, laceram e enrolam], mas o caminho do justo é uma estrada plana" (Provérbios 15:19).

A preguiça abre uma porta para a pobreza. "A preguiça leva ao sono profundo, e o preguiçoso passa fome" (Provérbios 19:15).

A preguiça pode levar você à morte. "O preguiçoso morre de tanto desejar e de nunca pôr as mãos no trabalho" (Provérbios 21:25).

A preguiça vai fazer sua vida se despedaçar. A preguiça leva à ruína. "Passei pelo campo do preguiçoso, pela vinha do homem sem juízo; havia espinheiros por toda parte, o chão estava coberto de ervas daninhas e o muro de pedra estava em ruínas" (Provérbios 24:30-31). O texto de Eclesiastes 10:18 diz: "Por causa da preguiça, o telhado se enverga; por causa das mãos indolentes, a casa tem goteiras."

Se quisermos experimentar a plenitude da fartura da Aliança operando em nossas vidas, então não podemos ser passivos e preguiçosos. Existem peças do quebra-cabeça que exigem trabalho. Não podemos demorar a agir quando Deus ordena que nos movamos. Em Romanos 12:11 nos é dito para não sermos preguiçosos no trabalho, mas para sermos "fervorosos no espírito, [e servir] ao Senhor."

Orações para alcançar coragem e ousadia

Eu sou corajoso como o leão (Provérbios 28:1).

Eu tenho acesso a Deus em confiança, pela fé em Cristo (Efésios 3:12).

Eu tenho muita coragem em Cristo (Filemom 1:8).

Eu tenho plena confiança para entrar no Santo dos Santos, pelo sangue de Jesus (Hebreus 10:19).

Senhor, dá-me coragem para anunciar a tua Palavra (Atos 4:29).

Senhor, oro com toda oração e súplica para que, quando eu falar, destemidamente torne conhecido o mistério do Evangelho (Efésios 6:19).

Que eu tenha maior determinação e destemor para dizer a Palavra (Filipenses 1:14).

Eu tenho grande determinação na fé em Cristo Jesus (1Timóteo 3:13).

Eu me aproximo do trono da graça com toda a confiança, a fim de receber misericórdia e encontrar graça que me ajude no momento da necessidade (Hebreus 4:16).

Eu digo com confiança: "O Senhor é o meu ajudador, não temerei. O que me podem fazer os homens?" (Hebreus 13:6).

No dia do juízo terei confiança, porque neste mundo eu sou como Cristo (1João 4:17).

Que os homens vejam minha coragem e reconheçam que eu estive com Jesus (Atos 4:13).

Que eu fique cheio do Espírito Santo e anuncie corajosamente a Palavra de Deus (Atos 4:31).

Vou esperar no Senhor; serei forte! Terei coragem e ele fortalecerá meu coração (Salmos 27:14).

Eu serei forte e corajoso; não hei de desanimar, pois o Senhor está comigo por onde eu andar (Josué 1:9).

Eu terei coragem para obedecer e cumprir tudo que pede o Senhor (Josué 23:6).

Cumprirei meu dever com coragem e o Senhor estará comigo (2Crônicas 19:11).

CAPÍTULO 10

JEJUANDO PARA ALCANÇAR A CURA DAS ENFERMIDADES

Aí sim, a sua luz irromperá como a alvorada, e
prontamente surgirá a sua cura; a sua retidão irá
adiante de você, e a glória do SENHOR estará na sua
retaguarda.

— ISAÍAS 58:8

O jejum rompe o poder da doença e da enfermidade e promove a cura em sua vida (Isaías 58:5-6,8). Muitos fiéis lutam contra doenças, como câncer, diabetes, pressão alta, sinusite e dor crônica. Esses espíritos de enfermidade costumam perdurar por gerações. O jejum ajuda a eliminar doenças e enfermidades crônicas. Deus prometeu que a cura surgirá prontamente.

De acordo com Isaías 58:8, você receberá cura quando jejuar, mas, melhor ainda, o jejum também pode funcionar como medicina preventiva. A Bíblia diz: "A glória do SENHOR estará na sua retaguarda." Em outras palavras, a doença não poderá pegar você de surpresa. Deus está cuidando da sua reta-

68 Jejum - Progresso e libertação

guarda. Enquanto todos estiverem doentes com a gripe suína, você permanecerá saudável. Embora digam que não há cura para o resfriado comum, você irá passar pelo inverno sem um único sintoma, espirro nem tosse.

Orações para promover a saúde e a cura

Eu não morrerei; vivo ficarei para anunciar os feitos do Senhor (Salmos 118:17).

Senhor, cura todas as minhas doenças (Salmos 103:3).

Cura-me, Senhor, e serei curado (Jeremias 17:14).

Jesus, levanta-te em minha vida trazendo cura em tuas asas (Malaquias 4:2).

Eu prospero e tenho boa saúde, assim como vai bem minha alma (3João 1:2).

Pelas feridas de Jesus, eu sou curado (Isaías 53:5).

Jesus tomou sobre si as minhas enfermidades e doenças (Mateus 8:17).

Eu expulso todo demônio de enfermidade que ataca meu corpo, em nome de Jesus.

Eu quebro, repreendo e expulso todo espírito de câncer que tente se estabelecer em pulmões, ossos, seios, garganta, costas, medula, fígado, rins, pâncreas, pele e estômago, em nome de Jesus.

Eu repreendo e expulso todo demônio que causa diabetes, pressão alta, pressão baixa, enfarte, derrame, insuficiência renal, leucemia, doenças do sangue, problemas respiratórios, artrite, lúpus, Alzheimer e insônia, em nome de Jesus.

Eu invoco cura e força para ossos, músculos, juntas, órgãos, cabeça, olhos, garganta, glândulas, sangue, medula, pulmões, rins, fígado, baço, coluna vertebral, pâncreas, olhos, bexiga, ouvidos, nariz, seios da face, boca, língua e pés, em nome de Jesus.

Eu me liberto de todo infarto instilado por terror, e ordeno que todo espírito de medo saia, em nome de Jesus (Lucas 21:26).

Eu me liberto de todo câncer nascido da amargura, da falta de perdão, do ressentimento e da calúnia, e ordeno que esses espíritos me deixem, em nome de Jesus.

Eu me liberto do lúpus nascido da rejeição a si próprio, do ódio de si mesmo e da culpa, e expulso esses demônios, em nome de Jesus.

Eu me liberto da esclerose múltipla nascida do ódio a si próprio, da culpa e da rejeição paternal, e expulso esses espíritos, em nome de Jesus.

Eu me liberto da artrite reumatoide nascida do ódio de si próprio e da baixa autoestima, e ordeno que esses espíritos me deixem, em nome de Jesus.

Eu me liberto do colesterol alto causado pela raiva e pela hostilidade, e ordeno que esses espíritos me deixem, em nome de Jesus.

Eu me liberto de todos os problemas dos seios da face nascidos do medo e da ansiedade, e ordeno que esses espíritos me deixem, em nome de Jesus.

Eu me liberto da asma que nasce do medo calcado nos relacionamentos, em nome de Jesus.

Eu me liberto de um sistema imunológico frágil nascido de um espírito ou coração partido, e ordeno que esses espíritos me deixem, em nome de Jesus.

Eu me liberto de todo infarto nascido da rejeição a si próprio, da amargura e do ódio pessoal, e ordeno que esses espíritos me deixem, em nome de Jesus.

Eu me liberto de toda doença dos ossos nascida do ciúme e da inveja, e ordeno que esses espíritos me deixem, em nome de Jesus (Provérbios 14:30).

Perdoa-me, Senhor, por permitir que o medo, a culpa, a rejeição a mim mesmo, o ódio a mim mesmo, a falta de perdão, a amargura, o pecado, o orgulho e a rebeldia abram a porta para quaisquer doenças ou enfermidades. Eu renuncio a essas coisas, em nome de Jesus.

CAPÍTULO 11

JEJUANDO PARA ALCANÇAR A LIBERTAÇÃO DA AMARGURA, DA RAIVA E DA FALTA DE PERDÃO

Cuidem que ninguém se exclua da graça de Deus.
Que nenhuma raiz de amargura brote e cause
perturbação, contaminando a muitos.
— HEBREUS 12:15

Livrem-se de toda amargura, indignação e ira,
gritaria e calúnia, bem como de toda maldade. Sejam
bondosos e compassivos uns para com os outros,
perdoando-se mutuamente, assim como Deus
perdoou vocês em Cristo.
— EFÉSIOS 4:31-32

A amargura costuma ser o resultado da rejeição e da dor. As pessoas se tornam raivosas e amargas quando deixam de perdoar e libertar aqueles que as machucaram ou ofenderam. Todos nós experimentamos algum tipo de dor na vida, e muitos não resolvem essa dor, o que acaba resultando em amargura.

A raiz da amargura está em espíritos parecidos, incluindo-se a falta de perdão, a raiva, a ira, a violência, a vingança, a retaliação e até o assassinato. O termo em hebraico para "amargura", *marah*, relaciona esse sentimento à rebeldia. *Marah* significa ser (causar, fazer) amargo (ou desagradável); rebelar-se (ou resistir, provocar); amargar, mudar, ser desobediente, rancoroso, provocativo, rebelar-se (contra).[1] A amargura é raiva reprimida e está ligada à teimosia (a recusa em perdoar). A pessoa rejeitada costuma ter dificuldade em perdoar. A rejeição dói e ofende, o que exige perdão. A falta desse perdão pode gerar amargura. É um círculo vicioso.

A amargura é um espírito de raízes profundas. Essas raízes vão fundo nas emoções de uma pessoa, e é difícil arrancar esse espírito, porque a pessoa "sente" raiva e outras emoções intensas que parecem extremamente reais. Esse demônio se enraíza na carne. Reagir de forma violenta ou relembrar a amargura serve para satisfazer a carne, mas trata-se de satisfação falsa. Essa satisfação falsa serve apenas para machucar a carne ao abrir portas para espíritos de enfermidade, incluindo artrite e câncer. Ela é simbolizada pela ofensa. É por isso que a raiz da amargura precisa ser quebrada com o jejum, que faz a carne passar fome. A amargura é muito comum, e existem multidões precisando se libertar dela.

A raiva é um espírito semelhante, que nasce da amargura, e pode ser um demônio persistente. Algumas pessoas parecem não conseguir superar a raiva, e explodem, mas continuam se sentindo culpadas.

A falta de perdão abre as portas para espíritos atormentadores (Mateus 18). A falta de perdão resulta de ser machucado, rejeitado, abandonado, decepcionado, abusado, estuprado, molestado; de alguém que tira proveito, que mente, trai, fofoca etc.

Todos esses espíritos surgem como resultado da rejeição, que pode chegar a impedir uma pessoa de dar e receber tanto o amor de Deus como o de outras pessoas. Também existe um espírito chamado "rejeição ao útero", que entra no útero porque a criança gerada não foi desejada. A autorrejeição e o medo de rejeição também são espíritos semelhantes. A rejeição também é algo que mantém as portas abertas. Esse espírito costuma abrir a porta para outros espíritos entrarem, como o medo, a dor, a falta de perdão e a amargura. Ele está ligado à rebeldia e acaba causando indecisão.

Quase todo mundo já experimentou algum tipo de rejeição, em um momento ou outro da vida. As pessoas são rejeitadas por causa de seu gênero, cor da pele, situação financeira, altura, forma física e muito mais. A rejeição é uma fortaleza enorme na vida de muita gente; mas você pode começar a atacar os espíritos relacionados à rejeição, à raiva, à amargura e à falta de perdão por meio da oração e da obediência. Se as coisas parecem não querer desgarrar, acrescente o jejum à sua oração e veja como Deus liberta você.

Orações para se libertar da raiva

Eu evitarei a ira e rejeitarei a fúria, para permanecer ligado a Deus. Se eu esperar no Senhor, receberei a terra por herança (Salmos 37:8-9).

Todo o meu corpo está doente e não tenho saúde, por causa do meu pecado. Confesso a minha culpa e me arrependo do que fiz. Não me abandones, ó Senhor, apressa-te a ajudar-me, Senhor, meu Salvador (Salmos 38:3,18,22).

Eu falarei com calma e gentileza as palavras de vida, para afastar a raiva e a ira. Não despertei a ira em ninguém com minhas palavras (Provérbios 15:1).

Eu vou acalmar a discussão contra minha saúde e minha família, pois não cederei à raiva (Provérbios 15:18).

Eu sou melhor que o guerreiro, porque controlo minha raiva. Mais vale controlar meu espírito que conquistar uma cidade (Provérbios 16:32).

Eu uso da sabedoria para ter paciência; meu valor vem de ignorar as ofensas (Provérbios 19:11).

Não pecarei contra minha alma irritando o Rei (Provérbios 20:2).

Vou acalmar a ira com presentes dados em segredo (Provérbios 21:14).

Eu declaro que o reino da ira em minha vida chegará ao fim (Provérbios 22:8).

Eu expulso a crueldade do rancor e da fúria. Minhas emoções não serão mais controladas por tais sentimentos (Provérbios 27:4).

Não vou permitir que a ira domine depressa meu espírito, não deixarei que ela se aloje em meu íntimo (Eclesiastes 7:9).

Que toda indignação e ira sejam expulsas de mim (Efésios 4:31).

Eu sou uma nova pessoa, pois fui renovado à imagem do meu Criador; por isso eu abandono a raiva (Colossenses 3:8-10).

Eu não vou irritar meus filhos (Colossenses 3:21).

Orações para se libertar da amargura

Senhor, eu entrego a amargura da minha alma a ti. Dá atenção à humilhação de teu servo e lembra-te de mim. Vou em paz, porque sei que tu concederás meu pedido (1Samuel 1:10-11,17).

Jejuando para alcançar a libertação da amargura, da raiva e... 75

Eu desabafarei contigo, ó Senhor, e abandonarei a amargura da minha alma (Jó 7:11).

De alma amargurada me expressarei, ó Deus. Eu buscarei encontrar o motivo por que meu espírito debate com o teu (Jó 10:1-2).

Eu declaro que não morrerei com a alma amargurada, sem nada ter desfrutado (Jó 21:25).

Meu coração conhece a própria amargura (Provérbios 14:10).

Eu criarei filhos sábios, que não me causarão tristeza e amargura (Provérbios 17:25).

Eu tinha grande amargura, mas, em teu amor, me guardaste da cova da destruição. Tu lançaste para trás de ti todos os meus pecados (Isaías 38:17).

Meu espírito estava cheio de amargura, mas foi forte a mão do Senhor sobre mim (Ezequiel 3:14).

Eu me arrependo da maldade e oro ao Senhor para que perdoe meu coração, pois estou preso pela amargura e pelo pecado (Atos 8:21-23).

Minha boca está cheia de maldição e amargura, mas agora se manifestou uma justiça que provém de Deus, e por ela fui justificado (Romanos 3:14,21-22).

Vou olhar para dentro com atenção, para não ser contaminado por nenhuma raiz de amargura (Hebreus 12:15).

Orações para se libertar da falta de perdão

Vou procurar meu irmão e pedir que perdoe meus erros e pecados contra ele (Gênesis 50:17).

Vou rogar para que meu irmão perdoe meu pecado, para que, quando for a Deus, ele leve esta praga mortal para longe de mim (Êxodo 10:17).

Como Moisés venho a ti pedindo perdão em meu nome e de meu povo. Obrigado, Deus, por perdoar todo aquele que pecar contra ti (Êxodo 32:32-33).

Deus, eu agradeço por perdoares quando ouves nossas preces (1Reis 8:30).

Tu ouviste dos céus, perdoaste meu pecado e me entregaste à terra que deste aos meus antepassados (1Reis 8:34).

Tu ouviste dos céus, perdoaste meu pecado e ensinaste o caminho certo (1Reis 8:36).

Tu ouviste dos céus, perdoaste meu pecado e tratas cada um de acordo com o que merece, visto que conheces meu coração (1Reis 8:39).

Perdoa o meu pecado, tem misericórdia de mim (1Reis 8:50).

Teu nome me chama, e eu me humilho diante de ti.

Eu oro e busco a tua face e me afasto dos maus caminhos. Dos céus tu me ouvirás, perdoarás o meu pecado e me curarás (2Crônicas 7:14).

Olha para a minha tribulação e o meu sofrimento e perdoa todos os meus pecados (Salmos 25:18).

Tu és bondoso e perdoador, Senhor, rico em graça para com todos os que te invocam (Salmos 86:5).

O Senhor declara que perdoará minha maldade e não se lembrará mais dos meus pecados (Jeremias 31:34).

Senhor, ouve! Senhor, perdoa! Senhor, vê e age! Por teu nome eu sou chamado (Daniel 9:19).

Assim como perdoo aos meus devedores, Senhor, rogo que me perdoes (Mateus 6:12).

Vou perdoar àqueles que erraram contra mim, porque, caso contrário, o Pai celestial não me perdoará (Mateus 6:14-15).

Tu me curaste e disseste: "Levante-se, pegue a sua maca", para que eu soubesse que tens poder sobre os pecados na terra (Mateus 9:6).

Jejuando para alcançar a libertação da amargura, da raiva e... 77

Como o servo que devia dez mil talentos ao rei, muito também me foi perdoado. Por isso eu perdoarei a todos que pecaram contra mim, para não ser entregue a quem me atormenta (Mateus 18:23-25).

Eu perdoarei a qualquer um contra quem tenho alguma coisa, para que também o Pai celestial me perdoe os pecados (Marcos 11:25).

CAPÍTULO 12

JEJUANDO PARA ALCANÇAR A VITÓRIA CONTRA A ANSIEDADE E A DEPRESSÃO

Que o Deus da esperança os encha de toda alegria
e paz, por sua confiança nele, para que vocês
transbordem de esperança, pelo poder do Espírito
Santo.
— ROMANOS 15:13

Na Bíblia, a tristeza e a depressão estão ligadas a um espírito de pesar. Entre as manifestações desse espírito estão o desânimo, o desespero, a apatia e a desesperança. Existem multidões que sofrem com surtos de depressão, e muitas pessoas com esse mal vivem medicadas. Entrar e sair da depressão são um sintoma de indecisão. Aqui também se incluem o recolhimento e o isolamento. A depressão está em um período de alta histórica. Há também muitas pessoas recebendo tratamento após serem diagnosticadas como maníacos-depressivos (bipolaridade). Essa enfermidade pode até levar pacientes à completa desesperança e ao suicídio. A depressão pode conduzir uma pessoa ao escapismo, o que, por sua vez, leva a uma vontade contínua de dormir e talvez ao uso abusivo de álcool e outras drogas.

O jejum fará com que a alegria e a presença do Senhor retornem à sua vida (Marcos 2:20). A presença do noivo causa alegria. Todo casamento é repleto de alegria e celebração. Quando um fiel perde a alegria e a presença do Senhor, então esse fiel precisa jejuar. O jejum faz com que a alegria e a presença do Senhor retornem. Não existe fiel vitorioso na vida sem a presença do noivo. A alegria do Senhor é nossa força (Neemias 8:10).

O intestino e a depressão

Estudei muito sobre jejuns, e também estudei muito sobre o ventre (intestino). Uma vez que o jejum está relacionado ao ventre, ao intestino e ao estômago, então deve haver algo no jejum que afeta o intestino de maneira positiva.

Nas Escrituras o ventre pode ser consumido pela dor e pode ser um símbolo de derrota e de vergonha. Todos sabem que o ventre é afetado pelo estresse, pela ansiedade e pelo excesso de preocupação. Mas eu também aprendi que, quando estamos praticando uma libertação, é comum colocar as mãos sobre o ventre de uma pessoa. Os espíritos do medo e da luxúria costumam residir nessa parte do corpo.

> Tem misericórdia de mim, ó SENHOR, porque estou angustiado. Consumidos estão de tristeza os meus olhos, a minha alma e o meu *ventre*.
>
> — SALMOS 31:9, ACF (grifo nosso)

> Pois a nossa alma está abatida até ao pó; o nosso *ventre* se apega à terra.
>
> — SALMOS 44:25, ACF (grifo nosso)

A ligação entre o sistema digestivo e o sistema nervoso central, sendo que este último consiste no cérebro e na medula espinhal, é bem conhecida. Eis o que diz a Escola de Medicina de Harvard a respeito da relação entre o ventre e o cérebro:

> Você já passou por alguma experiência "de dar nó na barriga"? Existem situações que fazem você "ficar enjoado"? Você já sentiu as famosas "borboletas" no estômago? Existe um bom motivo pelo qual usamos essas expressões. O trato gastrointestinal é sensível às emoções. Raiva, ansiedade, tristeza, alegria — todos esses sentimentos (e muitos outros) podem desencadear sintomas no ventre.
>
> O cérebro tem efeito direto sobre o estômago. Por exemplo: o simples fato de pensar em comer pode fazer com que o estômago libere os sucos gástricos antes de a comida chegar lá. Essa relação funciona em duas mãos: um intestino com problemas é capaz de enviar sinais ao cérebro, assim como um cérebro perturbado pode enviar sinais ao intestino. Portanto uma pessoa com problemas estomacais ou intestinais pode ter raiz na ansiedade, no estresse ou na depressão. Isso acontece porque o cérebro e o sistema gastrointestinal (SG) estão intimamente ligados — tão intimamente que deveriam ser vistos como um único sistema.[1]

"Você já experimentou aquela sensação conhecida como 'borboletas' no estômago?", pergunta a revista *Scientific American*. "Por trás dessa sensação está uma rede de neurônios geralmente ignorada, que se espalha pelo intestino e é tão vasta que alguns cientistas a apelidaram de 'segundo cérebro'."

Uma compreensão mais profunda dessa massa de tecido neural, repleta de neurotransmissores importantes, está revelando que ela faz muito mais do que coordenar a digestão ou infligir pontadas de nervosismo. O pequeno cérebro que existe em nosso interior, ligado àquele cérebro maior que fica dentro do crânio, em parte determina o estado mental da pessoa e tem papel central em certas doenças que afetam o corpo.[2]

Eu acredito que o jejum ajuda o intestino, que, em troca, beneficia as emoções e o cérebro. O jejum vai ajudar você a pensar de forma mais clara e a superar a depressão, a tristeza, a dor, a confusão, o estresse, a preocupação e a ansiedade.

Solte suas emoções

Você está perdido nas suas emoções? As emoções são parte da alma, assim como a vontade e a mente. Existem muitas pessoas com emoções bloqueadas e amarradas. Os espíritos de dor, rejeição, raiva, coração partido, tristeza, ódio, amargura e ira têm capacidade de ocupar essas emoções, causando dor emocional.

Suas emoções foram criadas por Deus para expressar alegria e tristeza. Essas duas emoções deveriam ser respostas naturais a diferentes situações. No entanto o inimigo aparece para levar a extremos o reino emocional e até para bloquear, a ponto de a pessoa não conseguir expressar a emoção adequada. A dor e a amarração emocionais podem surgir como resultado de experiências traumáticas do passado, entre elas estupro, incesto, abuso, morte de um ente querido, guerra, tragédias, rejeição, abandono, acidentes etc.

Você pode se libertar das emoções súbitas, imprevisíveis e flutuantes. Peça para o Senhor trazer equilíbrio e autocontrole em sua vida. Vamos orar.

Em nome do Senhor Jesus Cristo, pela autoridade que me foi dada de ligar e desligar, eu liberto minhas emoções de todo espírito maligno que há em mim que seja produto de uma experiência do passado. Eu me liberto de toda dor, machucado, ferida, tristeza, sofrimento, raiva, ódio, ira, amargura, medo e de toda emoção amarrada e bloqueada. Eu ordeno que os espíritos sejam expulsos e decreto a liberdade de minhas emoções, em nome do Senhor Jesus Cristo. Amém.

Orações que destroem a opressão

Eu repreendo e expulso todo espírito que tente me oprimir, em nome de Jesus.

Jesus, tu andaste por toda parte fazendo o bem e curando todos os oprimidos pelo diabo (Atos 10:38).

Eu removo todo poder de todo espírito que tente me oprimir (Eclesiastes 4:1).

Eu repreendo e expulso todo espírito de pobreza que tente me oprimir (Eclesiastes 5:8).

Eu repreendo e expulso todo espírito de loucura e confusão que tente oprimir minha mente, em nome de Jesus (Eclesiastes 7:7).

Ó Senhor, vem em meu auxílio contra meus opressores (Isaías 38:14).

Senhor, tu és refúgio para os oprimidos (Salmos 9:9).

Liberta-me dos ímpios que me atacam e dos inimigos mortais que me cercam (Salmos 17:9).

Liberta-me dos opressores que buscam minha alma (Salmos 54:3).

Esmaga o opressor (Salmos 72:4).

Eu repreendo e expulso todo espírito de desgraça e tristeza, e tudo mais que tente me deprimir, em nome de Jesus (Salmos 107:39).

Não me abandones nas mãos dos meus opressores (Salmos 119:121).

Não permitas que os arrogantes me oprimam (Salmos 119:122).

Resgata-me da opressão dos homens (Salmos 119:134).

Olha dos céus contra meus opressores (Salmos 14:2).

Que o agressor desapareça da terra (Isaías 16:4).

Eu repreendo o barulho do inimigo, em nome de Jesus (Salmos 55:3).

Em retidão serei estabelecido, a tirania estará distante (Isaías 54:14).

Castiga todos aqueles que me oprimem (Jeremias 30:20).

O inimigo não tomará coisa alguma da minha herança com a opressão (Ezequiel 46:18).

Exerce o julgamento contra meus opressores (Salmos 146:7).

Confissões de paz

Minha vida é boa e meus dias são bons, porque afasto a língua do mal.

Eu odeio o ódio, faço o bem e busco a paz.

Eu entrego minha vida à paz e à prosperidade.

Eu viverei em paz, andarei em paz e buscarei a paz.

Jesus é minha paz.

O Senhor é meu Jeová *Shalom*, minha prosperidade e minha paz.

Andarei em paz todos os dias de minha vida.

Eu farei o bem, amarei a vida e terei muitos dias felizes.

Sou abençoado e próspero, porque sou pacífico.

CAPÍTULO 13

JEJUANDO PARA ALCANÇAR A LIBERTAÇÃO DA CULPA

*Assim, seja qual for o seu modo de crer a respeito
destas coisas, que isso permaneça entre você e Deus.
Feliz é o homem que não se condena naquilo
que aprova.*

— ROMANOS 14:22

A culpa é uma das piores coisas a que você pode conferir controle sobre sua vida. A culpa surge da condenação, da vergonha, da falta de valor, do constrangimento, da baixa autoestima e de sentimentos de inferioridade (de classe inferior, a "raspa do tacho", sempre em último, inseguro, nunca bom o suficiente). A culpa é a raiz de incontáveis doenças e infelicidades. Há pessoas que passam a vida inteira sentindo culpa por algo que fizeram anos atrás. Elas nunca conseguem se perdoar por algo que fizeram ou que deixaram de fazer, e acabam, literalmente, punindo a si mesmas. Essas pessoas se sentem indignas, envergonhadas e constrangidas, sentimentos que, com frequência, se transformam em rejeição a si próprio.

Jejuando para alcançar a libertação da culpa 85

A culpa é um demônio terrível, e você precisa se libertar dele. Você pode pedir que Deus o perdoe, e também pode pedir perdão às pessoas que você machucou; mas o mais importante que você pode fazer é perdoar a si mesmo. Essa é a parte mais difícil para muita gente. Muitas pessoas acreditam que Deus perdoa e o próximo também, mas elas mesmas seguem sem se perdoar.

Todos nós já fizemos coisas das quais não nos orgulhamos, mas é preciso lembrar que, quando fazemos todo o possível para consertar uma situação, Jesus nos faz justos. Ele nos recobre. Se você não aceitar essa verdade no seu espírito, então ficará aberto para sofrer com muitas doenças e enfermidades, porque existe uma ligação entre o espírito, a alma e o corpo. A Bíblia diz: "Amado, oro para que você tenha boa saúde e tudo lhe corra bem, assim como vai bem a sua alma" (3João 1:2). Sua alma é sua mente, suas vontades e suas emoções. Se sua alma não está saudável e você se sente atormentado pela dor, pela vergonha, pela culpa, pelo medo ou pela rejeição, então seu corpo acabará invariavelmente afetado. Nem sempre isso acontece da noite para o dia.

Quanto mais você carregar esses sentimentos, tanto mais estragos eles farão.

Liberte sua consciência

Ser *libertado* significa ser desculpado e perdoado. Você foi perdoado pelo Pai pelo sangue de Jesus. Você foi libertado da culpa, da vergonha e da condenação. Mas você também precisa se libertar da lei (legalismo).

A lei traz condenação e julgamento, mas Jesus traz perdão e reconciliação. Nós libertamos a consciência quando aplicamos o sangue de Jesus com a fé. Satã usa a culpa e a condenação para abater os fiéis. Os fiéis que não compreendem a graça têm dificuldades de viver uma vida cristã e não conseguem alcançar os padrões religiosos impostos pelo legalismo. Ser liberto na consciência significa alcançar paz de espírito. A paz de Deus é que governa seu coração.

Em nome de Jesus, eu me liberto de toda culpa, vergonha, condenação, autocondenação e legalismo. Amém.

Orações para combater a culpa e a condenação

Eu repreendo e expulso todo demônio da culpa, da vergonha e da condenação, pelo sangue de Jesus.

Eu amarro e expulso todo espírito de falta de valor, em nome de Jesus.

Eu me liberto do diabetes nascido da rejeição, do ódio a mim mesmo, da herança maldita e da culpa, e ordeno que esses espíritos me deixem, em nome de Jesus.

Eu me liberto do lúpus nascido da rejeição a mim mesmo, do ódio de mim próprio e da culpa, e expulso esses espíritos, em nome de Jesus.

Eu me liberto da esclerose múltipla nascida do ódio de mim mesmo, da culpa e da rejeição paternal, e expulso esses espíritos, em nome de Jesus.

Perdoa-me, Senhor, por permitir que o medo, a culpa, a rejeição e o ódio a mim mesmo; a falta de perdão, a amargura, o orgulho e a rebeldia abram a porta para qualquer doença e enfermidade. Eu renuncio a essas coisas, em nome de Jesus.

Destruindo o jugo e removendo o fardo

Eu removo todo fardo falso colocado sobre mim por pessoas, líderes e igrejas, em nome de Jesus (1 Tessalonicenses 2:6).

Jejuando para alcançar a libertação da culpa 87

Eu removo todo fardo pesado colocado em minha vida pelo inimigo, em nome de Jesus.

Que tua unção tire o fardo dos meus ombros e o jugo seja quebrado (Isaías 10:27).

Tira o peso dos meus ombros (Salmos 81:6).

Eu lanço sobre o Senhor toda a minha ansiedade (1Pedro 5:7).

Eu entrego minhas preocupações ao Senhor, e ele me sustém (Salmos 55:22).

Senhor, destrói o jugo do fardo do inimigo e quebra a vara de castigo do opressor, como no dia da derrota de Midiã (Isaías 9:4).

Que todo jugo de pobreza seja destruído, em nome de Jesus.

Que todo jugo de doença seja destruído, em nome de Jesus.

Que todo jugo de escravidão seja destruído, em nome de Jesus (Gálatas 5:1).

Que todo jugo desigual seja destruído, em nome de Jesus (2Coríntios 6:14).

Eu destruo todo jugo e fardo de religião e legalismo colocado em minha vida por líderes religiosos, em nome de Jesus (Mateus 23:4).

Que toda pedra pesada se afaste de minha vida, em nome de Jesus (Zacarias 12:3).

Eu tomo sobre minha vida o jugo e o fardo de Jesus (Mateus 11:30).

CAPÍTULO 14

JEJUANDO PARA SUPERAR UM PASSADO DOLOROSO

Irmãos, não penso que eu mesmo já o tenha
alcançado, mas uma coisa faço: esquecendo-me das
coisas que ficaram para trás e avançando para as que
estão adiante, prossigo para o alvo, a fim de ganhar o
prêmio do chamado celestial de Deus em Cristo Jesus.
— FILIPENSES 3:13-14

Eu já preguei em meu ministério para muitos fiéis que continuam amarrados e presos ao passado. O passado pode ser como uma corrente que impede de desfrutar o presente e alcançar o sucesso no futuro. Certa vez, quando ministrava a libertação para um jovem, eu encontrei um espírito poderoso que habitava nele e se gabava dizendo que não iria partir. Eu ordenei que o espírito se identificasse, e ele respondeu dizendo que seu nome era Passado. O espírito então passou a explicar que era o trabalho dele manter o jovem preso ao passado para evitar o sucesso de sua caminhada em Cristo. O jovem havia sofrido recentemente com um divórcio, e o

Jejuando para superar um passado doloroso 89

passado continuava a atormentá-lo. Aquele encontro me ajudou a alcançar a revelação do fato de que há inúmeros espíritos presos a pessoas com a função de amarrá-las a um passado que deixou feridas e cicatrizes que ainda não se curaram por completo. Muitas dessas feridas acabam infeccionando e se tornam morada de espíritos impuros.

As pessoas precisam se libertar não só dos demônios, mas também de outras pessoas. Os laços com almas indignas são avenidas que os espíritos do controle e da manipulação usam quando agem na vida de vítimas incautas.

Vamos dar uma olhada em algumas coisas que podem fazer com que espíritos se liguem a pessoas que sofreram alguma experiência traumática no passado. Para fins de esclarecimento, podemos ver que a palavra *trauma* é identificada no dicionário Webster como "uma desordem psíquica ou estado comportamental resultante de estresse mental ou emocional severo ou de injúria física".[1]

As experiências traumáticas podem abrir portas para demônios. Entre essas experiências traumáticas, muitas vezes se incluem acidentes. A seguir serão mencionadas duas experiências traumáticas que afetam enormemente a vida das pessoas.

1. Estupro

As mulheres têm sido violentadas em Sião, e as virgens,
nas cidades de Judá.

— Lamentações 5:11

O estupro é uma das experiências mais traumáticas que alguém pode sofrer. É uma violação que deixa cicatrizes profundas na psique da pessoa vítima desse ato maligno. A porta se abre para uma hoste de espíritos malignos entrar e operar na vida da vítima.

Os espíritos de dor, desconfiança, luxúria, perversão, raiva, ódio, ira, amargura, vergonha, culpa e medo podem entrar e atormentar a pessoa pelo resto da vida, se não forem identificados e expulsos logo. O estupro também pode ser uma maldição e, portanto, muitas vezes há um histórico de pecado na linhagem genética.

O estupro sempre esteve presente na história das pessoas oprimidas. Era (e continua sendo) comum ver os vitoriosos estuprarem as mulheres dos conquistados. Trata-se de um dos atos mais vergonhosos e humilhantes que podem ser perpetrados contra um povo oprimido.

É comum ver que as vítimas de estupro sofrem com bloqueios sexuais em seus casamentos, e é possível identificar espíritos de frigidez, emoções amarradas e bloqueadas, ódio aos homens e medo de ter relações sexuais. Quem sofre o estupro pode crescer com raízes de amargura muito profundas, que envenenam todo o sistema, abrindo portas para espíritos de doença e enfermidades, incluindo-se aqui o câncer.

Pai, em nome de Jesus, eu me liberto deste demônio que tenta roubar, matar e destruir meu corpo, minha sexualidade e meu valor. Eu me liberto de todo ódio, amargura e falta de perdão. Eu me liberto de culpar a mim mesma por essa violação. Eu me liberto de toda amarra da alma, todo espírito de enfermidade ou outro espírito maligno que tente se apegar à minha vida por conta desse trauma. Eu me liberto de toda prisão que me impeça de experimentar a intimidade conjugal saudável e consentida. Amém.

2. Incesto

Outra violação sexual comum é o pecado do incesto. O incesto também pode resultar de uma maldição, e é possível que haja um histórico de pecado na linhagem genética. Trata-se de um ato que causa muita vergonha e culpa. Ele abre portas para toda sorte de maldições, incluindo a insanidade, a morte, a destruição, a confusão, a perversão e a doença. Muitas vezes a vítima se culpa pelo ato, ainda que ele tenha sido causado por um espírito sedutor.

> *Pai, em nome de Jesus, eu me liberto da vergonha, da culpa, das amarras da alma e de qualquer espírito aprisionador que tente me impedir de viver uma vida plena e saudável. Eu me liberto das doenças dolorosas deste abuso e declaro que estou limpo, por dentro e por fora. Eu me liberto de todo espírito demoníaco que tente entrar por essa porta aberta, e fecho essa porta para o meu passado e rogo que uma cerca de proteção seja feita em meu futuro. Amém.*

Liberte sua memória

[Esqueço-me] das coisas que ficaram para trás [...]

— FILIPENSES 3:13

Existe um espírito maligno que se chama lembrança recorrente, que faz com que a pessoa sofra com a sensação de repetição de experiências passadas. Ele faz com que a pessoa permaneça presa às experiências traumáticas do passado. Esse espírito faz com que a pessoa reviva experiências de dor, de sofrimento e de rejeição. Apesar de existirem experiências na vida que são impossíveis de esquecer por completo, ninguém deve permanecer preso ao passado pela lembrança recorrente.

O inimigo não pode ter o poder de despertar em sua memória lembranças que o atrapalhem no seu presente ou no futuro. É por isso que sua memória precisa ser libertada das experiências ruins da dor e do trauma.

Pai, em nome de Jesus, eu me liberto dos efeitos de todas as lembranças ruins, dolorosas e lembranças do passado que me atrapalham no presente ou no futuro. Amém.

Declarações que rompem o controle de um passado doloroso

Os dias de luto acabaram. Agora encontro favor em vista do Rei (Gênesis 50:4).

Meu inverno passou. As chuvas acabaram e já se foram. Aparecem flores sobre a terra, e chegou o tempo de cantar (Cântico dos Cânticos 2:11-12).

Os mistérios de meus sofrimentos passados me foram revelados. Agora posso rejubilar.

Glória eterna a Jesus Cristo, que me estabeleceu conforme o Evangelho e a pregação de Cristo. Meu passado não é mais segredo. Seu propósito me foi revelado pelas Escrituras proféticas, para que eu creia e obedeça.

No passado eu não era do povo de Deus, mas agora sou. Não havia recebido misericórdia, mas agora a recebi (1Pedro 2:10).

Há esperança em meu futuro.

O Senhor tem planos de dar-me esperança e um futuro (Jeremias 29:11).

O sinal da Aliança de Deus está comigo e com todas minhas futuras gerações.

Uma coisa faço: esqueço-me das coisas que ficaram para trás e avanço para as que estão adiante. Eu prossigo para o alvo, a fim de ganhar o prêmio do chamado celestial de Deus em Cristo Jesus (Filipenses 3:13-14).

CAPÍTULO 15

JEJUANDO PARA ALCANÇAR A LIBERTAÇÃO DO VÍCIO EM ÁLCOOL E EM DROGAS

Não se embriaguem com vinho, que leva à
libertinagem, mas deixem-se encher pelo Espírito.
— EFÉSIOS 5:18

O espírito do vício se enraíza profundamente na carne. Eu já lidei com pessoas que não conseguiam parar de fumar. É muito difícil para um fumante se libertar do hábito do tabagismo. O fumante tenta de tudo: ele ora, ele busca libertação, mas não consegue se livrar. Trata-se de um espírito persistente. Às vezes o fumante fica frustrado e o inimigo o condena e diz: "Você não é forte o bastante." Porém às vezes é necessário jejuar quando você tenta se libertar de um espírito de vício, porque ele está profundamente enraizado na carne.

Todos os vícios operam de maneira parecida — vício em drogas, álcool ou comida (distúrbios alimentares). Eles precisam ser quebrados mediante o jejum e a oração.

O vício está ligado ao espírito de Belial

Como Ana orava silenciosamente, seus lábios se mexiam mas não se ouvia sua voz. Então Eli pensou que ela estivesse embriagada e lhe disse: "Até quando você continuará embriagada? Abandone o vinho!" Ana respondeu: "Não se trata disso, meu senhor. Sou uma mulher muito angustiada. Não bebi vinho nem bebida fermentada; eu estava derramando minha alma diante do SENHOR. Não julgues tua serva uma mulher vadia; estou orando aqui até agora por causa de minha grande angústia e tristeza."

— 1SAMUEL 1:13-16

Na tradução Almeida Corrigida e Revisada Fiel, o versículo 16 diz: "Não tenhas, pois, a tua serva por filha de Belial." Eli havia pensado que Ana estava bêbada. O espírito de Belial opera mediante o álcool e a embriaguez. A embriaguez é uma forma de romper com a moral e abrir as pessoas à luxúria e à perversão. Eu acredito que espíritos do álcool e da embriaguez operam sob o comando de Belial. É fato notório que muitos filhos de pais alcoolistas acabam sendo vítimas de abuso sexual, inclusive de incesto. O álcool também pode ser uma porta aberta para os espíritos do estupro, incluindo-se aqui o Boa-noite, Cinderela (que é tão prevalente em muitos *campi* universitários).

Eis algumas orações que você pode fazer enquanto jejua para ajudar a romper o controle desses espíritos sobre sua vida.

Orações contra a embriaguez

Pai, ajuda-me a escutar o aviso da Palavra: "Tenham cuidado, para que os seus corações não fiquem carregados de libertinagem, bebedeira e ansiedades da vida." Mantém-me focado em viver por ti, para eu não estar despreparado e cair na armadilha do diabo quando "aquele dia [vier sobre nós] inesperadamente" (Lucas 21:34).

Pai, ajuda-me a viver e me comportar "com decência, como quem age à luz do dia, não em orgias e bebedeiras, não em imoralidade sexual e depravação, não em desavença e inveja" (Romanos 13:13).

Senhor, quero fazer apenas o que me pedes, pois seguir meus desejos me desviará do caminho. "As obras da carne são manifestas: imoralidade sexual, impureza e libertinagem; idolatria e feitiçaria; ódio, discórdia, ciúmes, ira, egoísmo, dissensões, facções e inveja; embriaguez, orgias e coisas semelhantes" (Gálatas 5:19-21). Eu não desejo viver assim, Senhor. Quero honrá-lo e servi-lo em tudo que faço.

Pai, a Palavra traz bom conselho — conselho que quero seguir: "Ouça, meu filho, e seja sábio; guie o seu coração pelo bom caminho. Não ande com os que se encharcam de vinho, nem com os que se empanturram de carne. Pois os bêbados e os glutões se empobrecerão, e a sonolência os vestirá de trapos" (Provérbios 23:19-21).

Pai, tua Palavra me aconselha a tomar cuidado com quem eu ando. Ajuda-me a ouvir o aviso: "Não devem associar-se com qualquer que, dizendo-se irmão, seja imoral, avarento, idólatra, caluniador, alcoólatra ou ladrão" (1Coríntios 5:11). Ajuda-me a escolher meus amigos com sabedoria.

Senhor, eu não quero me "[embriagar] com vinho, que leva à libertinagem". Eu quero "encher[-me] pelo Espírito" (Efésios 5:18). Preenche-me com o Espírito, Senhor.

Deus, desde os tempos de Arão, tu instruis os líderes e ministros cristãos: "Você e seus filhos não devem beber vinho nem outra bebida fermentada antes de entrar na Tenda do Encontro, senão vocês morrerão. É um decreto perpétuo para as suas gerações. Vocês têm que fazer separação entre o santo e o profano" (Levítico 10:8-10). Que eu nunca falhe transformando o que é santo em comum por meio do pecado e da embriaguez.

Pai, tu ensinaste que, se "um homem ou uma mulher fizer um voto especial, um voto de separação para o Senhor", essa pessoa "terá que se abster de vinho e de outras bebidas fermentadas" (Números 6:2-3). Ajuda-me a compreender que a embriaguez destrói minha capacidade de permanecer consagrado a ti, e ajuda-me a distanciar-me daquilo que me afasta de ti.

Senhor, ajuda-me a seguir o simples conselho de tua Palavra, que diz: "O vinho é zombador e a bebida fermentada provoca brigas; não é sábio deixar-se dominar por eles" (Provérbios 20:1).

Pai, tu nos deste um sábio conselho a respeito dos perigos da embriaguez para aqueles chamados líderes, pois, em tua Palavra, está escrito: "Não convém aos reis beber vinho, não convém aos governantes desejar bebida fermentada" (Provérbios 31:4). Ajuda-me a honrar tua Palavra.

Orações contra o vício em álcool e drogas

Eu ordeno que os espíritos do vício abandonem meu apetite, em nome de Jesus.

Eu renuncio a todo vício em drogas, álcool ou qualquer outra substância legal ou ilegal que me amarra, em nome de Jesus.

Eu quebro toda maldição que perdura há gerações: orgulho, luxúria, perversão, rebeldia, bruxaria, idolatria, pobreza, rejeição, medo, confusão, vício, morte e destruição, em nome de Jesus.

CAPÍTULO 16

JEJUANDO PARA ALCANÇAR A VITÓRIA CONTRA A GULA

*Quanto a estes, o seu destino é a perdição,
o seu deus é o estômago e têm orgulho do que é
vergonhoso; eles só pensam nas coisas terrenas.*
— FILIPENSES 3:19

Você não quer que o estômago seja seu deus. O estômago é o centro do seu apetite. Você não pode permitir que o seu apetite controle sua vida. Em Filipenses 3, Paulo escreveu sobre as pessoas cujo deus era o próprio estômago. Eram pessoas cujos pensamentos se concentravam nas coisas terrenas, pessoas carnais. Em outras palavras, eram glutões rebeldes.

A carnalidade vai atrapalhar a sua caminhada até Deus. O jejum ajuda a superar a carnalidade. O jejum ajuda na caminhada espiritual, já que o jejum *é* espiritual. Jejuar é o oposto de ser terreno e carnal (ser controlado pelo apetite).

O texto de Romanos 16:18 diz: "Pois essas pessoas não estão servindo a Cristo, nosso Senhor, mas a seus próprios ape-

98   JEJUM - PROGRESSO E LIBERTAÇÃO

tites. Mediante palavras suaves e bajulação, enganam os corações dos ingênuos."

Um dos benefícios do jejum é que ele ensina a ter moderação. Moderação significa estar dentro de limites aceitáveis; nada excessivo ou extremo. O excesso é sempre prejudicial, e a comida é um estímulo a isso. O cérebro se acostuma rapidamente aos estímulos externos, e o resultado é uma verdadeira falta de satisfação. Privar-se de comida significa privar-se de um dos maiores estímulos da vida.

> Enquanto nossos sentidos estão, de início, em sintonia fina com o que estão recebendo, eles logo se acostumam aos estímulos. Os estímulos logo perdem a capacidade de surpreender e de dar prazer, e nos tornamos imunes a eles. É nesse ponto que a maioria das pessoas busca algo novo para experimentar aquelas sensações novamente.
>
> É essa a resposta que a sociedade nos dá para a agitação, o tédio, a ansiedade e a infelicidade. A resposta é sempre buscar MAIS. Mais estímulo. Mais sexo, mais filmes, mais música, mais álcool, mais dinheiro, mais liberdade, mais comida. Mais de qualquer coisa que seja vendida como a cura para todos os problemas. Paradoxalmente quanto mais estímulos recebemos, tanto menores a alegria e o deleite que aproveitamos. A chave para experimentar enorme satisfação e prazer é, na verdade, a moderação.[1]

A moderação é crucial para a satisfação na vida. Nós ignoramos a importância da moderação. A sociedade está repleta de excessos. O jejum é uma autonegação. O jejum é uma arma poderosa contra os excessos. O jejum ajuda a sermos moderados. A temperança é moderação e autocontrole, de-

Jejuando para alcançar a vitória contra a gula

monstrando por meio de nossos comportamentos e expressões faciais. O excesso é luxúria e indulgência.

> No passado vocês já gastaram tempo suficiente fazendo o que agrada aos pagãos. Naquele tempo vocês viviam em libertinagem, na sensualidade, nas bebedeiras, orgias e farras, e na idolatria repugnante.
>
> — 1 PEDRO 4:3

O excesso é o oposto de uma vida cheia do Espírito.

> Não se embriaguem com vinho, que leva à libertinagem, mas deixem-se encher pelo Espírito.
>
> — EFÉSIOS 5:18

A gulodice e a embriaguez são manifestações de excesso e estão ligadas à rebeldia e à teimosia. O texto de Deuteronômio 21:20 diz: "E dirão aos líderes: 'Este nosso filho é obstinado e rebelde. Não nos obedece! É devasso e vive bêbado!'"

> Eles acham estranho que vocês não se lancem com eles na mesma torrente de imoralidade, e por isso os insultam.
>
> — 1 PEDRO 4:4

Declarações de autocontrole e satisfação naquilo que Deus provê

Eu sou amigo do bem. Tenho domínio próprio. Sou justo, consagrado e sensato (Tito 1:8).

Eu sou sóbrio, digno de respeito, sensato, e sadio na fé, no amor e na perseverança (Tito 2:2).

100   JEJUM - PROGRESSO E LIBERTAÇÃO

Eu ando no fruto do Espírito de amor, alegria, paz, paciência, amabilidade, bondade, fidelidade, mansidão e domínio próprio. Contra essas coisas, não há lei (Gálatas 5:22-23).

Eu anseio pelo prêmio, por isso exerço o autocontrole em todas as coisas (1Coríntios 9:5).

Deus não me deu espírito de covardia, mas de poder, de amor e de equilíbrio (2Timóteo 1:7).

Eu serei sóbrio em tudo (2Timóteo 4:5).

Eu comerei no devido tempo com autocontrole, e não para embriagar-me (Eclesiastes 10:17).

Eu me saciarei com pão do céu (Salmos 105:40).

O Senhor sacia a sede de minha alma e me enche de bondade (Salmos 107:9).

O Senhor abre sua mão e me satisfaz (Salmos 145:16).

O Senhor me abençoa com fartura e me supre de pão (Salmos 132:15).

Eu verei a face de Deus em justiça. Quando despertar, ficarei satisfeito ao ver a tua semelhança (Salmos 17:15).

Eu serei manso para comer e ficar satisfeito (Salmos 22:26).

Minha alma ficará satisfeita como de rico banquete; com lábios jubilosos a minha boca louvará o Senhor (Salmos 63:5).

O Senhor satisfaz-me pela manhã com amor leal, e todos os meus dias cantarei feliz (Salmos 90:14).

O Senhor enche de bens a minha existência, de modo que minha juventude se renova como a águia (Salmos 103:5).

Eu sou justo e como até satisfazer minha alma (Provérbios 13:25).

Eu sou como o homem bom. Meu caminho será recompensado (Provérbios 14:14).

O Senhor me sustenta com o melhor trigo, e com o mel da rocha ele me satisfaz (Salmos 81:16).

Jejuando para alcançar a vitória contra a gula 101

O temor do Senhor conduz minha vida. Porque o temo, posso descansar em paz, livre de problemas (Provérbios 19:23).

Eu encontrarei satisfação. Eu poderei dizer: "É o bastante" (Provérbios 30:15).

Quem ama o dinheiro jamais terá o suficiente; quem ama as riquezas jamais ficará satisfeito com os seus rendimentos. Isso também não faz sentido (Eclesiastes 5:10). Eu encontrarei meu sustento apenas em Deus.

O Senhor saciará minha alma com fartura, e eu serei saciado pela bondade divina (Jeremias 31:14).

CAPÍTULO 17

JEJUANDO PARA OUVIR E RECEBER UMA PALAVRA DO SENHOR

Lembre-se de como o SENHOR, o seu Deus, os
conduziu por todo o caminho no deserto, durante
estes quarenta anos, para humilhá-los e pô-los à
prova, a fim de conhecer suas intenções, se iriam
obedecer aos seus mandamentos ou não. Assim, ele
os humilhou e os deixou passar fome. Mas depois
os sustentou com maná, que nem vocês nem os seus
antepassados conheciam, para mostrar-lhe que nem
só de pão viverá o homem, mas de toda palavra que
procede da boca do SENHOR. As roupas de
vocês não se gastaram e os seus pés não incharam
durante esses quarenta anos.

— DEUTERONÔMIO 8:2-4

Jesus passou quarenta dias no deserto em jejum. O povo
de Israel ficou por quarenta anos no deserto. Jesus é o verdadeiro Israel de Deus. O povo de Israel passou fome durante
quarenta anos. Deus alimentou seu povo com maná e fez com

que eles tivessem fome, para que se humilhassem e aprendessem que o homem não vive apenas de pão, mas de toda palavra que procede da boca do Senhor.

O jejum vai trazer grande humildade para sua vida e vai ajudá-lo a compreender que você não vive apenas de pão, mas de toda palavra que procede da boca de Deus. Quando jejua você está dizendo: "Eu vivo pela palavra de Deus. A palavra de Deus é minha força. O Senhor é a força da minha vida."

A palavra profética é essencial. O jejum nos coloca em posição de receber essa palavra e viver dessa palavra. O jejum ajuda a liberar a palavra. Deus pode colocar a palavra divina em sua boca para que você fale e a libere.

No versículo que lemos anteriormente, vemos que as roupas do povo de Israel não se deterioraram. O jejum ajuda a manter nossas roupas como novas. A roupa é como uma túnica. Uma túnica pode ficar velha com a religião e a tradição. Vemos ainda nessa passagem que os pés daquele povo escolhido não incharam. Aqui os "pés" representam a caminhada com o Senhor, o crescimento espiritual e a caminhada em direção ao amadurecimento divino, a capacidade de ouvir a orientação de Deus e de segui-la. O jejum ajuda a manter essa caminhada sem empecilho.

O jejum conduz à oração respondida

Aí sim, você clamará ao Senhor, e ele responderá; você gritará por socorro, e ele dirá: "Aqui estou."

— Isaías 58:9

A interferência demoníaca pode fazer com que muitas orações sejam atrapalhadas. Daniel jejuou durante 21 dias para romper a resistência demoníaca e receber uma resposta às suas orações

104   JEJUM - PROGRESSO E LIBERTAÇÃO

(ver Daniel 10). O príncipe da Pérsia reteve as respostas durante vinte e um dias. O jejum de Daniel ajudou um anjo a alcançar o progresso e conseguir as respostas.

O jejum faz com que as respostas às orações sejam aceleradas, incluindo as orações que pedem salvação das pessoas amadas e as que pedem libertação. O jejum ajuda a superar a frustração de uma oração sem resposta.

O jejum revela a orientação divina

> O SENHOR o guiará constantemente; satisfará os seus desejos numa terra ressequida pelo sol e fortalecerá os seus ossos. Você será como um jardim bem regado, como uma fonte cujas águas nunca faltam.
>
> — ISAÍAS 58:11

Muitos fiéis têm dificuldade em tomar decisões corretas em relação a relacionamentos, finanças e ao ministério. Essa dificuldade resulta em atrasos e em desperdício de tempo, porque leva a decisões tolas. O jejum ajuda o fiel a tomar a decisão correta ao revelar a orientação divina. O jejum elimina a confusão, traz clareza e oferece compreensão e sabedoria para tomar as decisões certas. O jejum é recomendado para quem precisa tomar decisões importantes, como em relação ao casamento ou ao ministério.

Orações para obter revelação

Meu Deus revela mistérios. Senhor, revela teus segredos para mim (Daniel 2:28).

Revela-me coisas profundas e ocultas (Daniel 2:22).

Deixa-me compreender segredos guardados desde a criação do mundo (Mateus 13:35).

Que se rompam os selos da tua Palavra (Daniel 12:9).

Permita-me entender e alcançar revelação da tua vontade e propósito para minha vida.

Dá-me espírito de sabedoria e de revelação, ilumina os olhos de minha compreensão (Efésios 1:17).

Permite-me compreender coisas celestiais (João 3:12).

Abre os meus olhos, para que eu veja as maravilhas da tua Palavra (Salmos 119:18).

Permite-me ver e entender os mistérios do Reino (Marcos 4:11).

Permite que eu fale ao próximo mediante revelação (1Coríntios 14:6).

Revela o teu plano aos teus servos, os profetas (Amós 3:7).

Sejam as coisas ocultas reveladas (Marcos 4:22).

Esconde tuas verdades dos sábios e cultos, e revela-as aos pequeninos (Mateus 11:25).

Seja revelado o braço do Senhor em minha vida (João 12:38).

Revela as coisas que pertencem a mim (Deuteronômio 29:29).

Que a Palavra do Senhor se revele em minha vida (1Samuel 3:7).

Que a glória do Senhor se revele em minha vida (Isaías 40:5).

Que a retidão do Senhor se revele em minha vida (Isaías 56:1).

Permite que eu receba visões e revelações do Senhor (2Coríntios 12:1).

Permite que eu receba abundância de revelações (2Coríntios 12:7).

106   Jejum - Progresso e libertação

Permite que eu seja um bom encarregado dos mistérios de Deus (1Coríntios 4:1).

Permite que eu proclame o mistério de Cristo (Colossenses 4:3).

Permite que eu receba e compreenda teu mistério oculto (1Coríntios 2:7).

Não escondas de mim os teus mandamentos (Salmos 119:19).

Permite que eu fale da sabedoria de Deus em mistério (1Coríntios 2:7).

Permite que eu torne conhecido o mistério do evangelho (Efésios 6:19).

Revela para mim o mistério da tua vontade (Efésios 1:9).

Com a harpa expõe o teu enigma (Salmos 49:4).

Permite-me compreender provérbios e parábolas, ditados e enigmas dos sábios (Provérbios 1:6).

Senhor, mantém acesa a minha lâmpada e transforma em luz minhas trevas (Salmos 18:28).

Transforma as trevas em luz diante de mim (Isaías 42:16).

Dê-me os tesouros das trevas, riquezas armazenadas em locais secretos (Isaías 45:3).

Brilha a sua lâmpada sobre minha cabeça (Jó 29:3).

Meu espírito é a lâmpada do Senhor, que vasculha cada parte do meu ser (Provérbios 20:27).

Permite que eu compreenda as coisas mais profundas de Deus (1Coríntios 2:10).

Permite que eu compreenda teus profundos propósitos (Salmos 92:5).

Permite que meus olhos se iluminem com tua Palavra (Salmos 19:8).

Felizes são meus olhos, que veem (Lucas 10:23).

Permite que toda catarata e escama sejam removidas de meus olhos (Atos 9:18).

Jejuando para ouvir e receber uma palavra do Senhor

Permite que eu compreenda, com todos os santos, a largura, o comprimento, a altura e a profundidade de teu amor (Efésios 3:18).

Que meus sonhos instruam-me na escura noite, que eu acorde com revelação (Salmos 16:7).

CAPÍTULO 18

JEJUANDO PARA ALCANÇAR A LIBERTAÇÃO DA IMPUREZA SEXUAL

Então todos os israelitas subiram a Betel, e ali se
assentaram, chorando perante o SENHOR. Naquele
dia jejuaram até à tarde e apresentaram holocaustos
e ofertas de comunhão ao SENHOR [...] O SENHOR
derrotou Benjamim perante Israel.

— JUÍZES 20:26,35

Um dos pecados mais difíceis de quebrar é o pecado sexual. Muitos fiéis têm problemas com a luxúria, que está no sangue e é passada de geração a geração. Os espíritos de luxúria causam muita vergonha, culpa e condenação, e isso rouba do fiel a confiança e a coragem que ele deve ter. Muitos fiéis têm problemas com masturbação, pornografia, perversão e fornicação. O jejum ajuda a expulsar esses espíritos de sua vida.

Em Juízes 19:22, lemos sobre alguns homens que queriam ter relações com o convidado de um idoso hospedado naquela cidade.

Jejuando para alcançar a libertação da impureza sexual   109

Quando estavam entretidos, alguns vadios da cidade cercaram a casa. Esmurrando a porta, gritaram para o homem idoso, dono da casa: "Traga para fora o homem que entrou na sua casa para que tenhamos relações com ele!"

Estes homens eram homossexuais identificados como filhos de Belial. O idoso dono da casa tentou demovê-los da ideia e ofereceu sua filha, a concubina do convidado. Os homens então aceitaram a concubina do convidado e abusaram dela a noite inteira. O abuso foi tão severo que ela acabou morrendo (ver Juízes 19:25-30). O convidado então pegou uma faca e cortou sua concubina em doze partes, que mandou para cada tribo de Israel. A concubina dele tinha sido estuprada até a morte.

Os homens que estupraram a concubina eram da tribo de Benjamim. Os homens de Israel então se juntaram contra aquela cidade e exigiram que lhes fossem entregues os estupradores. Os filhos de Benjamim não escutaram e, em vez disso, se prepararam para lutar. Os filhos de Benjamim destruíram 22 mil homens de Israel no primeiro dia (Juízes 20:21) e 18 mil homens no segundo dia (Juízes 20:25).

Em Juízes 20:26-35, vemos que Israel não conseguiu superar Benjamim até decidir jejuar. A resistência de Benjamim deixa implícito que havia algo demoníaco por trás deles. Doze tribos não conseguiram vencer uma tribo por conta dessa resistência demoníaca. Essa resistência só foi vencida depois do jejum. Esse foi o único jeito de arrancar a perversidade enraizada na tribo de Benjamim. O jejum ajuda a libertar das correntes da perversão sexual e da luxúria.

Luxúria

A luxúria é um demônio cuja intenção é substituir o amor verdadeiro. A pessoa rejeitada buscará um relacionamento e quase sempre acabará se envolvendo em imoralidades sexuais desde jovem. O espírito de prostituição pode se manifestar desde cedo e pode ser visto em meninas que se vestem de forma provocativa.

A impureza sexual se tornou abundante em nossa sociedade. Entre os espíritos de luxúria sexual incluem-se adultério, fornicação, prostituição, meretrício, sedução, impureza sexual, perversão, homossexualismo, lesbianismo, masturbação, pornografia, incesto, luxúria fantasiosa, sodomia e impureza.

Mas a luxúria não é só sexual; também pode se manifestar no materialismo, na indulgência excessiva, na compulsão alimentar (gulodice, bulimia, anorexia e regimes exagerados), no vício em álcool e drogas, no modo de se vestir e assim por diante.

Perversão

O grupo de demônios da perversão pode levar ao homossexualismo, ao lesbianismo, ao fetichismo, ao molestamento e a outros comportamentos sexuais deturpados. A perversão pode ser manifestação da rejeição a si próprio, quando a pessoa rejeita sua identidade sexual. Trata-se apenas de uma tentativa de superar a rejeição.

Liberte sua vida sexual

Fugi da fornicação.

— 1Coríntios 6:18 (ACF)

O impulso sexual é um dos apetites mais fortes do corpo humano. Satanás deseja controlar e perverter esse apetite para fora do relacionamento conjugal, nesse âmbito em que o sexo é abençoado. Muitos fiéis têm dificuldade nessa área e enfrentam os espíritos da culpa e da condenação. Os espíritos da luxúria e da perversão podem operar em qualquer parte do corpo, incluindo-se os genitais, as mãos, os olhos, a boca, o estômago e assim por diante. Qualquer parte do corpo dada ao pecado sexual será invadida e controlada por espíritos de luxúria. (Pode-se citar como exemplo os olhos quando veem pornografia; as mãos durante o ato da masturbação; ou a língua quando pratica conversas imundas.)

A impureza sexual é um espírito de raízes fortes porque essas se ligam à carne. Quanto mais tempo a pessoa passa vivendo nesse estilo de vida — seja o homossexualismo, o adultério ou a masturbação —, mais difícil será a libertação. Esse demônio se agarra firmemente à carne. Às vezes o jejum é o único modo de enfraquecer as raízes, porque o jejum lida com a carne, ele subjuga a carne. É por isso que os demônios odeiam o jejum. Eles não querem que você jejue. Porém, se você quiser ser verdadeiramente livre, eu recomendo que você jejue.

Comece o jejum para alcançar a libertação da impureza sexual com a seguinte oração:

> *Em nome de Jesus, eu liberto todos os membros de meu corpo — mente, memória, olhos, ouvidos, língua, mãos, pés e todo o meu ser sexual — de toda a luxúria, perversão, impureza sexual, lascívia, promiscuidade, pornografia, fornicação, homossexualismo, fantasias, sujeira, paixão ardente e desejo sexual incontrolável. Amém.*

Libertação e renúncia ao pecado sexual

Eu renuncio a todo pecado sexual que pratiquei no passado, inclusive a fornicação, a masturbação, a pornografia, a perversão, a fantasia e o adultério, em nome de Jesus.

Eu rompo toda a maldição de adultério, perversão, fornicação, luxúria, incesto, estupro, molestamento, ilegitimidade, prostituição e poligamia, em nome de Jesus.

Eu ordeno que todo espírito de luxúria e perversão deixe meu estômago, minha genitália, meus olhos, minha mente, minha boca, minhas mãos e meu sangue, em nome de Jesus.

Eu me ofereço em sacrifício vivo ao Senhor (Romanos 12:1).

Meu corpo é um membro de Cristo. Eu não serei o membro de uma prostituta (1Coríntios 6:15).

Eu libero o fogo de Deus para queimar todo desejo impuro de minha vida, em nome de Jesus.

Eu rompo todo laço impuro da alma com amantes e parceiros sexuais do passado, em nome de Jesus.

Eu expulso todo espírito de solidão que me leva a ter relações sexuais mundanas, em nome de Jesus.

Eu ordeno que todo espírito hereditário de luxúria dos meus ancestrais seja expulso, em nome de Jesus.

Eu ordeno que todo espírito de bruxaria que opera na luxúria seja expulso, em nome de Jesus.

Eu exerço autoridade sobre meus pensamentos e amarro todo espírito de fantasia e de pensamento luxurioso, em nome de Jesus.

Eu expulso todo espírito de luxúria que visa ao fim do casamento, em nome de Jesus.

Eu me liberto e expulso todo espírito concubino e espírito íncubo e súcubo, em nome de Jesus.

Eu expulso todo espírito de perversão, inclusive os de luxúria moabita e amonita, em nome de Jesus.

Eu recebo o espírito de santidade em minha vida, para andar no caminho da pureza sexual, em nome de Jesus (Romanos 1:4).

Jejuando para alcançar a libertação da impureza sexual 113

Eu me liberto do espírito do mundo, da cobiça da carne, da cobiça dos olhos e da ostentação dos bens. Eu venço o mundo pelo poder do Espírito Santo (1João 2:16).

Eu estou crucificado com Cristo e mortifico meu corpo. Não deixarei que o pecado domine meu corpo, não obedecerei aos desejos da carne (Romanos 6:6-12).

CAPÍTULO 19

JEJUANDO PARA QUEBRAR MALDIÇÕES QUE DURAM GERAÇÕES

Seu povo reconstruirá as velhas ruínas e restaurará
os alicerces antigos; você será chamado reparador de
muros, restaurador de ruas e moradias.
— ISAÍAS 58:12

Muitos obstáculos que os fiéis encontram existem há
gerações. Maldições que duram gerações resultam
da iniquidade dos pais. Pecados que duram gerações, como orgulho, rebeldia, idolatria, bruxaria, ocultismo, maçonaria e luxúria abrem portas para espíritos malignos operarem em uma
família por um período de tempo que atravessa uma geração.
Os demônios de destruição, fracasso, pobreza, enfermidade,
luxúria e vício são grandes fortalezas na vida de milhões de
pessoas.

Jejuando para quebrar maldições que duram por gerações 115

Liberte-se da herança maldita

Fraquezas e tendências podem ser herdadas dos pecados dos pais. Uma pessoa nascida de pais alcoólatras, por exemplo, terá uma chance maior de se tornar alcoólatra. Doenças e enfermidades podem estar na genética familiar, e é por isso que os médicos costumam perguntar sobre o histórico familiar em certas doenças. Entre as heranças malditas, estão luxúria, perversão, bruxaria, orgulho, rebeldia, divórcio, álcool, ódio, amargura, idolatria, pobreza, ignorância e enfermidade (incluindo doenças do coração, câncer, diabetes e pressão alta).

Espíritos familiares são demônios familiares a uma pessoa e a uma família porque costumam habitar uma família por gerações. Às vezes é difícil expulsar tais demônios, porque suas raízes vão muito fundo na árvore genealógica.

Mas essa espécie pode ser expulsa mediante orações combinadas com o jejum. O jejum ajuda a afrouxar a perversidade. O jejum liberta o oprimido. O jejum ajuda a reconstruir lugares devastados e reverte a desolação que resulta do pecado e da rebeldia. Comece com a seguinte oração:

> *Em nome de Jesus, eu me liberto de todo mal herdado, incluindo doenças, atitudes, padrões de pensamento, enfermidades, bruxaria, luxúria, rebeldia, pobreza, estilo de vida indigno e a agressividade. Amém.*

Orações para expulsar espíritos que duram por gerações

Eu fui redimido da maldição da lei (Gálatas 3:13).

Eu rompo toda maldição geracional de orgulho, luxúria, perversão, rebeldia, bruxaria, idolatria, pobreza, rejeição, medo, confusão, vício, morte e destruição, em nome de Jesus.

Eu ordeno que todo espírito geracional que adentrou minha vida na concepção, no ventre, no canal do parto e pelo cordão umbilical seja expulso, em nome de Jesus.

Eu rompo toda maldição lançada e toda palavra negativa que falei em minha vida, em nome de Jesus.

Eu rompo toda maldição lançada sobre mim e toda palavra negativa que me foi falada, em nome de Jesus.

Eu ordeno que todo espírito ancestral de maçonaria, idolatria, bruxaria, falsa religião, poligamia, luxúria e perversão seja expulso de minha vida, em nome de Jesus.

Eu ordeno que todo espírito hereditário de luxúria, rejeição, medo, doença, enfermidade, raiva, ódio, confusão, fracasso e pobreza seja expulso de minha vida, em nome de Jesus.

Eu rompo qualquer direito de todo espírito geracional que opera uma maldição, em nome de Jesus. Ninguém tem direito de operar em minha vida.

Eu amarro e repreendo todo espírito familiar e espírito-guia dos meus ancestrais que tente operar em minha vida, em nome de Jesus.

Eu renuncio a toda falsa crença e toda falsa filosofia herdada de meus ancestrais, em nome de Jesus.

Eu rompo toda maldição lançada sobre minhas finanças por ancestrais que roubaram ou adquiriram dinheiro ilegal, em nome de Jesus.

Eu rompo toda maldição de doença e enfermidade e ordeno que toda doença herdada deixe meu corpo, em nome de Jesus.

Abençoada seja minha família por meio de Jesus (Gênesis 12:3).

Eu renuncio a todo orgulho herdado de meus ancestrais, em nome de Jesus.

Eu rompo todo juramento, voto e pacto feito com o diabo por meus ancestrais, em nome de Jesus.

Jejuando para quebrar maldições que duram por gerações 117

Eu rompo toda maldição proferida em segredo por agentes de Satanás em minha vida, em nome de Jesus (Salmos 10:7).

Eu rompo toda maldição escrita que afeta minha vida, em nome de Jesus (2Crônicas 34:24).

Eu rompo toda maldição disparada por idade a ser ativada com o tempo, em nome de Jesus.

Eu rompo toda maldição que Balaão contratou em minha vida, em nome de Jesus (Neemias 13:2).

CAPÍTULO 20

JEJUANDO PARA ROMPER O PODER DA BRUXARIA, DO CONTROLE MENTAL E DOS LAÇOS IMPUROS DA ALMA

Não recorram aos médiuns, nem busquem os espíritas, pois vocês serão contaminados por eles. Eu sou o Senhor, o Deus de vocês.
— Levítico 19:31

A bruxaria se manifesta de diferentes formas, entre as quais se incluem feitiçaria, adivinhação, intimidação, controle e manipulação. Saul e Jezabel são exemplos bíblicos de pessoas que usaram da bruxaria para conseguir o que desejavam.

O demônio da bruxaria também pode operar em muitos outros tipos de relacionamento. Um pastor pode querer exercer controle sobre os membros de sua equipe, ou até toda a sua congregação. Um executivo pode querer intimidar seus subordinados... Pessoas que costumam usar de manipulação ou de intimidação para controlar os outros acabam se abrindo para o controle e para a influência de um demônio de bruxaria. Quando isso acontece a pessoa se torna incapaz de se relacionar com qualquer um que não siga as mesmas regras. Então já não é mais apenas a carne que está operando, mas um poder sobrenatural capaz de trazer o controlado a uma condição de escravidão espiritual.[1]

Todo o reino do oculto entra na categoria de bruxaria. Nela se incluem as falsas religiões, a adivinhação do futuro, o movimento Nova Era, a percepção extrassensorial, a astrologia, a hipnose, as religiões orientais, a maçonaria, a telepatia e a quiromancia, entre outras. Tudo isso é manifestação de rebeldia dentro da personalidade indecisa.

A maldição dos laços impuros da alma e da descrença

Não se ponham em jugo desigual com descrentes. Pois o que têm em comum a justiça e a maldade? Ou que comunhão pode ter a luz com as trevas? Que harmonia entre Cristo e Belial? Que há de comum entre o crente e o descrente?

— 2 Coríntios 6:14-15

Quando há um jugo desigual entre fiéis e descrentes, a isso chamamos um laço impuro da alma. Quebrar esse laço impuro da alma é fundamental para a libertação. Uma união indigna faz com que os espíritos malignos sejam transferidos. Se Belial não conseguir controlar você diretamente, então ele usará da influência em sua união indigna.

120   Jejum - Progresso e libertação

Unir-se à pessoa errada pode fazer você receber uma transferência de espíritos malignos. Uma das chaves para se libertar do controle de Belial é romper todo laço impuro da alma e obedecer à Palavra de Deus, que diz: "Não se ponham em jugo desigual com descrentes" (2Coríntios 6:14). Uma versão ampliada da Bíblia diz: "Não se ponham em jugo desigual com descrentes [não se una com eles, nem se ponha sob jugo diferente, inconsistente com sua fé]."

Essa é a única passagem em que o nome de Belial é mencionado no Novo Testamento. *Eu* acredito que o Espírito de Deus escolheu essa palavra para trazer a revelação de que a Igreja não deve, de maneira alguma, associar-se a espíritos assim. O versículo 15 associa Belial à injustiça, à escuridão, à infidelidade e à idolatria. A primeira referência a Belial na Palavra de Deus o associa à idolatria. Os coríntios foram salvos de uma vida de idolatria.

Eu acredito que Belial é um espírito do fim dos tempos que será um inimigo da Igreja. Nós precisamos nos separar de toda sujeira e impureza associadas a esse espírito comandante.

A igreja de Corinto também sofria com problemas ligados à carnalidade. Havia agressividade, inveja, disputa, impureza sexual e até embriaguez dentro da igreja. O apóstolo Paulo escreveu as epístolas aos coríntios para corrigir esses problemas e colocar as coisas em ordem.

Liberte-se dos laços impuros da alma

Maldita seja a sua ira, tão tremenda, e a sua fúria, tão cruel! Eu os dividirei pelas terras de Jacó e os dispersarei em Israel.

— Gênesis 49:7

O Senhor separou Simeão e Levi porque um exercia má influência sobre o outro. Um laço da alma é uma ligação entre dois indivíduos; as almas (mentes, vontades, emoções) de indivíduos trançadas juntas. Um laço impuro da alma pode ser formado mediante a fornicação (Gênesis 34:2-3) e a bruxaria (Gálatas 3:1; 4:17).

Conforme mencionado anteriormente, é preciso libertar-se não só dos demônios, mas também de outras pessoas. Os laços impuros da alma são avenidas pelas quais os espíritos de controle, dominação, bruxaria e manipulação operam. Se você estiver unido às pessoas erradas, então estará amarrado, muitas vezes sem saber.

Nunca é da vontade de Deus que um indivíduo controle o outro. A verdadeira liberdade significa libertar-se de qualquer poder controlador que impeça você de realizar a vontade de Deus. Muitas vezes aqueles que são controlados não têm consciência de que estão sendo controlados. É por isso que, muitas vezes, é bastante difícil romper esse controle.

Um laço impuro da alma resulta na presença de uma influência maligna em sua vida. Enquanto um laço bondoso da alma tenta ajudar na caminhada em direção a Deus, os laços impuros da alma impedem sua caminhada com o Senhor. É possível ver laços impuros na Bíblia entre: Acabe e Jezabel (1Reis 18); Salomão e suas esposas — elas afastavam o coração dele do Senhor (1Reis 11:1-4); e Levi e Simeão (Gênesis 49:5-7).

Ore:

> Pai, em nome de Jesus, eu me liberto de todo relacionamento que não é do teu agrado; todo relacionamento que não surge do Espírito, mas da carne; todo relacionamento fundamentado no controle, na dominação ou na manipulação; e de todo relacionamento baseado na luxúria e na enganação. Amém.

Liberte-se do aprisionamento oculto

O termo *oculto* significa escondido. O envolvimento com o oculto abre a porta para muitos demônios, incluindo espíritos de depressão, suicídio, morte, destruição, doença, doença mental, vício, luxúria etc. Entre as práticas ocultistas, estão:

- O tabuleiro Ouija
- Horóscopos
- A leitura de mãos
- Leitores e consultores psíquicos
- Drogas (do termo grego *pharmakeia* — feitiçaria)
- Leitura da borra do café/chá
- Magia negra
- Magia branca
- Percepção extrassensorial

Ore:

> *Pai, em nome de Jesus, eu me liberto de todo envolvimento com o oculto, de toda feitiçaria, adivinhação, bruxaria, dom psíquico, rebeldia, de toda confusão, doença, morte e destruição resultantes do envolvimento com o oculto. Amém.*

Liberte sua mente

> Porque, como imaginou no seu coração, assim é ele.
> — PROVÉRBIOS 23:7

Você é o que você pensa. A mente sempre foi o alvo favorito do inimigo. Se o diabo puder controlar sua mente, ele poderá controlar sua vida. Entre os espíritos que atacam a mente, estão controle mental, confusão, colapso nervoso, controle da mente e espíritos que controlam a mente; insanidade, loucura, mania, fantasia, pensamento maligno, enxaqueca, dor mental e pensamento negativo. Tudo isso é o que eu chamo de "pensamento malcheiroso".

A boa notícia é que você pode se libertar (e libertar sua mente) de toda influência maligna que opera na sua mente. O controle mental é um espírito comum que foi identificado pelo nome de Polvo. Espíritos de controle mental podem lembrar um polvo ou uma lula, com tentáculos que agarram e controlam a mente. A libertação do controle mental é que liberta a pessoa da pressão mental, da dor, da confusão e do tormento mental. Os espíritos de controle mental podem entrar na pessoa que ouve música mundana, que lê livros ocultistas, que consome pornografia, ensinamentos falsos, falsas religiões; pelas drogas e pela passividade.

Ore:

> Em nome de Jesus, eu liberto minha mente de todo espírito de controle, confusão, servidão mental, insanidade, loucura, fantasia, passividade, intelectualismo, bloqueio conhecimento, ignorância, controle mental, luxúria e pensamento maligno. Amém.

Orações contra Jezabel

Eu libero os cães do céu contra Jezabel (1Reis 21:23).

Eu repreendo e amarro os espíritos de bruxaria, luxúria, sedução, intimidação, idolatria e prostituição ligados a Jezabel.

Eu libero o espírito de Jeú contra Jezabel e todas as suas cortes (2Reis 9:30-33).

Eu repreendo todo espírito de falso ensinamento, falsa profecia, idolatria e perversão ligados a Jezabel (Apocalipse 2:20).

Eu libero grande sofrimento sobre o reino de Jezabel (Apocalipse 2:22).

Eu rompo todo o mal proferido por Jezabel contra os ministros de Deus (1Reis 19:2).

Eu rompo e quebro os poderes de cada palavra proferida por Jezabel contra minha vida.

Eu rejeito a mesa de Jezabel e toda comida que repousa sobre ela (1Reis 18:19).

Eu me liberto de toda maldição de Jezabel e de todo espírito de Jezabel que opere em minha linha genética.

Eu rompo a determinação de Jezabel e de suas filhas de corromperem a Igreja.

Eu repreendo e isolo o espírito de Atalia que tente destruir a semente real (2Reis 11:1).

Eu me levanto contra o espírito de Herodias e destruo a missão de matar os profetas (Marcos 6:22-24).

Eu repreendo e destruo todo espírito de prostituição (Oseias 4:12).

Eu repreendo e destruo Jezabel e suas bruxarias, em nome de Jesus (2Reis 9:22).

Eu repreendo e destruo a prostituta sedutora, mestra de feitiçarias e quebro o poder dela sobre minha vida e minha família (Naum 3:4).

Eu derroto Jezabel e recebo autoridade sobre as nações (Apocalipse 2:26).

Orações para anular uma união indigna

Eu rompo e anulo todo pacto, juramento e promessa indigna que fiz com meus lábios, em nome de Jesus.

Eu renuncio e rompo todo juramento indigno feito por meus ancestrais a ídolos, demônios, falsas religiões ou organizações mundanas, em nome de Jesus (Mateus 5:33).

Eu rompo e anulo todo pacto com a morte e o inferno feito por meus ancestrais, em nome de Jesus.

Eu rompo e anulo todo pacto maligno feito com ídolos ou demônios por meus ancestrais, em nome de Jesus (Êxodo 23:32).

Eu rompo e anulo todo pacto de sangue feito com sacrifício que afete minha vida, em nome de Jesus.

Eu ordeno que todo demônio que proclama direito sobre minha vida por meio de pacto seja expulso, em nome de Jesus.

Eu rompo e anulo todo pacto feito com falsos deuses e demônios mediante envolvimento ocultista e bruxaria, em nome de Jesus.

Eu rompo e anulo todo espírito que invoque demônio íncubo e súcubo para atacar meu casamento, em nome de Jesus.

Eu tenho pacto com Deus pelo sangue de Jesus Cristo. Eu me uni ao Senhor e sou um com seu Espírito. Eu rompo todo pacto maligno e renovo meu pacto com Deus pelo corpo e sangue de Jesus.

CAPÍTULO 21

JEJUANDO PARA ROMPER O PODER DE UM ESPÍRITO RELIGIOSO

*Os mestres da lei e os fariseus se assentam na cadeira
de Moisés. Obedeçam-lhes e façam tudo o que eles
lhes dizem. Mas não façam o que eles fazem, pois não
praticam o que pregam. Eles atam fardos pesados e os
colocam sobre os ombros dos homens,
mas eles mesmos não estão dispostos a
levantar um só dedo para movê-los.*
— MATEUS 23:2-4

Um dos demônios mais teimosos que já vi é o espírito religioso — um espírito que faz a pessoa rejeitar a mudança e o crescimento. Ele faz com que a pessoa se prenda firmemente a ensinamentos que não são de Deus. É difícil reeducar alguém que tem vivido de certa maneira durante toda uma vida. O espírito religioso torna a pessoa um indivíduo dos mais teimosos que você há de conhecer. Uma das coisas que devem ser ditas a um espírito religioso é que, conforme crescemos em Deus, também cresce nosso conhecimento de Deus. Todos nós acabamos mudando. Não é possível ficar preso a um ensinamento que é contrário às Escrituras. É preciso ter humildade para admitir que não conhecemos tudo. Todos nós estamos sempre crescendo e aprendendo. Todos nós precisamos mudar.

Eu poderia falar de muitas coisas que tive de mudar em minha vida nesses últimos anos de ministério. Há coisas que tive de encarar que eu até pregava e que soavam bem, mas que não eram verdadeiras — eu tive de mudar porque Deus me deu luz e entendimento.

Os espíritos religiosos podem ser muito teimosos, mas eles podem ser quebrados com jejum e oração. Difícil é conseguir reconhecer esse espírito na própria vida. A pessoa presa a um espírito religioso tende a julgar o próximo sem conseguir julgar a própria condição pecaminosa. Se o Senhor lhe deu a graça para ver além da cegueira que você está sofrendo com esse espírito, comece a orar e a jejuar para se libertar de uma vez por todas.

Orações que rompem o poder de um espírito religioso

Eu amarro e expulso todo espírito de julgamento, orgulho e desinteresse por aprender, em nome de Jesus.

Eu amarro e expulso todo espírito de controle e "possessividade", em nome de Jesus.

Não terei um conceito mais elevado de mim mesmo do que devo ter. Eu permanecerei equilibrado (Romanos 12:3).

Eu removo todo espírito religioso do altar (2Reis 23:8).

Eu destruo todo jugo e fardo de religião e legalismo colocados em minha vida por líderes religiosos, em nome de Jesus (Mateus 23:4).

Eu ordeno que todo espírito religioso de dúvida, descrença, erro, heresia e tradição surgido da religião seja expulso, em nome de Jesus.

128 JEJUM - PROGRESSO E LIBERTAÇÃO

Eu amarro e expulso todo espírito de vontade própria, egoísmo e teimosia, em nome de Jesus.

Eu amarro e expulso o espírito da acusação, em nome de Jesus.

Eu ordeno que todo espírito de orgulho, teimosia, desobediência, rebeldia, vontade própria, egoísmo e arrogância deixe minha vontade, em nome de Jesus.

Eu amarro e expulso todo espírito controlador de mente, de polvo e lula, em nome de Jesus.

Orações e declarações de humildade

Senhor, eu sou humilde. Conduz-me na justiça e ensina o teu caminho (Salmos 25:9).

Eu me humilharei diante do Senhor, e ele me exaltará (Tiago 4:10).

Não deixarei o orgulho chegar a meu coração e me envergonhar. Terei sabedoria e serei humilde (Provérbios 11:2).

Senhor, agrada-te de mim. Tu me coroas de vitória porque sou humilde (Salmos 149:4).

Senhor, olha para todo orgulhoso e lança-o por terra (Jó 40:11).

Senhor, salva-me (Salmos 18:27).

Eu obterei honra (Provérbios 29:23).

Melhor é ter espírito humilde entre os oprimidos do que partilhar despojos com os orgulhosos (Provérbios 16:19).

Eu me humilharei debaixo da poderosa mão de Deus, para que ele me exalte no tempo devido (1Pedro 5:6).

Minha alma se gloriará no Senhor. Os humildes ouvirão e se alegrarão (Salmos 34:2).

Eu verei o que Deus fez e me alegrarei; porque busco a Deus, terei vida no coração (Salmos 69:32).

Eu não serei como Amon; eu me humilharei diante do Senhor sem aumentar minha culpa (2Crônicas 33:23).

Senhor, concede graça maior. Deus se opõe aos orgulhosos, mas concede graça aos humildes (Tiago 4:6).

Que eu seja como Moisés, um homem muito humilde, mais do que qualquer outro que havia na terra (Números 12:3).

Eu não serei orgulhoso, e vou me associar a pessoas de posição inferior. Não serei sábio aos meus olhos (Romanos 12:16).

A recompensa da humildade e do temor do Senhor são a riqueza, a honra e a vida (Provérbios 22:4).

Eu não caluniarei ninguém, serei pacífico e amável, mostrando sempre verdadeira mansidão para com todos os seres humanos (Tito 3:2).

O temor do Senhor ensina a sabedoria, e a humildade antecede a honra (Provérbios 15:33).

Antes da sua queda, o coração do ser humano se envaidece, mas a humildade antecede a honra (Provérbios 18:12).

Como escolhido de Deus, santo e amado, revestir-me-ei de profunda compaixão, bondade, humildade, mansidão e paciência (Colossenses 3:12).

Eu buscarei o Senhor. Buscarei a justiça, buscarei a humildade, para que eu tenha abrigo no dia da ira do Senhor (Sofonias 2:3).

Eu tomo sobre mim o jugo de Cristo e aprendo com ele, pois ele é manso e humilde de coração (Mateus 11:29).

Vou fazer o que o Senhor exige: praticarei a justiça, amarei a fidelidade e andarei humildemente com o meu Deus (Miqueias 6:8).

Eu desejo ser como Cristo, que humilhou a si mesmo e foi obediente até a morte, e morte de cruz (Filipenses 2:8).

CAPÍTULO 22

JEJUANDO PARA SUPERAR O ESPÍRITO DA CARNALIDADE E DA INDECISÃO

Adúlteros, vocês não sabem que a amizade com o
mundo é inimizade com Deus? Quem quer ser amigo
do mundo faz-se inimigo de Deus.
— TIAGO 4:4

A indecisão fomenta a mundanidade e a carnalidade. O espírito da rejeição ata a pessoa ao mundo em busca de amor. Trata-se do substituto que Satanás oferece para o amor verdadeiro. A mundanidade pode ser vista na rebeldia adolescente. Os adolescentes geralmente se envolvem com um estilo de vida de luxúria, de perversão, de drogas e muito mais, levando os pais ao limite da paciência. Sinais de indecisão podem ser encontrados em *piercings*, tatuagens, roupas *punk*, vestimentas góticas, roupa provocativa, vício em drogas, tabagismo, fuga de casa, lutas, atividade criminosa, profanidade, desrespeito à autoridade, alternância de estilos de vida, depressão, em tendências suicidas e recolhimento.

Jejuando para superar o espírito da carnalidade e da indecisão   131

Por toda uma geração, os jovens problemáticos dos Estados Unidos que se rebelam contra figuras de autoridade têm sido, cada vez mais, diagnosticados com doenças mentais e medicados com drogas psiquiátricas (psicotrópicas).

Jovens problemáticos medicados com Ritalina, Adderall e outras anfetaminas costumam relatar que essas drogas fazem com que eles se "importem menos" com o tédio, o ressentimento e outras emoções negativas, tornando-se mais obedientes e controláveis. De forma semelhante, antipsicóticos atípicos, como Risperdal e Zyprexa — tranquilizantes poderosos —, têm sido cada vez mais prescritos aos jovens dos Estados Unidos, ainda que, na maioria dos casos, os pacientes não demonstrem sintomas psicóticos.[1]

A indecisão adolescente se tornou uma epidemia. A maioria das pessoas não sabe com o que está lidando. A solução que Deus oferece traz a libertação e a cura. A indecisão também já foi chamada de comportamento passivo-agressivo, mas ela não passa de rejeição/rebeldia.

O jejum rompe o poder da carnalidade, da divisão e da agressividade

Quanto a estes, o seu destino é a perdição, o seu deus é o estômago e têm orgulho do que é vergonhoso; eles só pensam nas coisas terrenas.

— **Filipenses 3:19**

A carnalidade é um problema em muitas famílias que fazem parte do corpo de Cristo. Ser carnal significa privilegiar a carne.

132   JEJUM - PROGRESSO E LIBERTAÇÃO

Significa se preocupar com coisas terrenas. A carnalidade se refere a ser controlado pelos apetites carnais, conforme discutido no capítulo 16. Não devemos ser controlados pelo estômago. O jejum remove o poder do estômago e fortalece o espírito. Ter uma mente carnal equivale à morte. Ter uma mente espiritual equivale a vida e paz (Romanos 8:6). A carnalidade causa divisão e agressividade (1Coríntios 3:13). A carnalidade impede o crescimento e a maturidade do fiel. A carnalidade impede o fiel de compreender as profundas verdades das Escrituras.

O jejum ajuda o fiel a focar nas coisas espirituais. O jejum liberta do poder da carne. O jejum aumenta o discernimento espiritual (1Coríntios 2:15).

Rompendo o poder da indecisão

Eu amarro e repreendo todo espírito que tente distorcer, perturbar ou anular o desenvolvimento de minha personalidade, em nome de Jesus.

Eu rompo toda maldição de esquizofrenia e indecisão em minha família, em nome de Jesus.

Eu amarro e repreendo o espírito da mente dividida, em nome de Jesus (Tiago 1:8).

Eu amarro e exerço autoridade sobre os espíritos de rejeição e rebeldia e separo um do outro, em nome de Jesus.

Eu amarro e expulso os espíritos de rejeição, medo de rejeição e rejeição a mim mesmo, em nome de Jesus.

Eu amarro e expulso todo espírito de luxúria, fantasia luxuriosa, prostituição e perversidade, em nome de Jesus.

Eu amarro e expulso todo espírito de insegurança e de inferioridade, em nome de Jesus.

Eu amarro e expulso todo espírito de acusação e confissão compulsiva, em nome de Jesus.

Jejuando para superar o espírito da carnalidade e da indecisão   133

Eu amarro e expulso todo espírito de medo de julgamento, autopiedade, falsa compaixão e falsa responsabilidade, em nome de Jesus.

Eu amarro e expulso todo espírito de depressão, desespero, desânimo, abatimento e desesperança, em nome de Jesus.

Eu amarro e expulso todo espírito de culpa, condenação, falta de valor e vergonha, em nome de Jesus.

Eu amarro e expulso todo espírito de perfeição, orgulho, vaidade, egoísmo, intolerância, frustração e impaciência, em nome de Jesus.

Eu amarro e expulso todo espírito de injustiça, recolhimento, abatimento, irrealidade, fantasia, devaneio e imaginação vívida, em nome de Jesus.

Eu amarro e expulso todo espírito de centralismo, timidez, solidão e sensibilidade, em nome de Jesus.

Eu amarro e expulso todo espírito de tagarelice, nervosismo, tensão e medo, em nome de Jesus.

Eu amarro e expulso todo espírito de vontade própria, egoísmo e teimosia, em nome de Jesus.

Eu amarro e expulso o espírito da acusação, em nome de Jesus.

Eu amarro e expulso todo espírito de ilusão, engano e sedução, em nome de Jesus.

Eu amarro e expulso todo espírito de julgamento, orgulho e recusa de aprendizado, em nome de Jesus.

Eu amarro e expulso todo espírito de controle e possessividade, em nome de Jesus.

Eu amarro e expulso a raiz da amargura, em nome de Jesus.

Eu amarro e expulso todo espírito de ódio, ressentimento, violência, assassinato, falta de perdão, raiva e retaliação, em nome de Jesus.

Eu amarro e expulso os espíritos de paranoia, suspeição, desconfiança, perseguição, confrontação e medo, em nome de Jesus.

CAPÍTULO 23

JEJUANDO PARA SUPERAR O ESPÍRITO DO ORGULHO

Quando estavam doentes, usei vestes de lamento,
humilhei-me com *jejum* e recolhi-me em oração.
— SALMOS 35:13 (grifo nosso)

Um dos maiores benefícios do jejum é ver a alma se tornar humilde. O jejum é uma forma poderosa de humilhar-se. A humildade é a chave para o crescimento e a bênção. A passagem de Tiago 4:10 diz: "Humilhem-se diante do Senhor, e ele os exaltará."

O jejum ajuda a romper o poder do orgulho e da rebeldia. O orgulho e a rebeldia são prevalentes em nossa sociedade. O jejum é quase uma arte perdida. Raramente vemos humildade e mansidão na vida das pessoas.

Antes da sua queda o coração do homem se envaidece,
mas a humildade antecede a honra.
— PROVÉRBIOS 18:12

Jejuando para superar o espírito do orgulho   135

Da mesma forma, jovens, sujeitem-se aos mais velhos. Sejam todos humildes uns para com os outros, porque "Deus se opõe aos orgulhosos, mas concede graça aos humildes."

— 1 Pedro 5:5

A humildade seve para alcançar uma posição favorável para receber a graça de Deus. A graça de Deus é a força, o poder e a capacidade divina. O jejum faz com que a graça de Deus aumente em sua vida.

Orgulho, enfermidade e espíritos que duram por gerações

[...] para prevenir o homem das suas más ações e livrá-lo do orgulho, para preservar da cova a sua alma, e a sua vida da espada. Ou o homem pode ser castigado no leito de dor, com os seus ossos em constante agonia, levando-o a achar a comida repulsiva e a detestar na alma sua refeição preferida.

— Jó 33:17-20

A doença pode ser resultado do orgulho. A dor também pode ser resultado do orgulho. A enfermidade costuma resultar da perda de apetite, que é um jejum forçado. O jejum humilha a alma. O jejum ajuda a superar o demônio do orgulho. O orgulho e a rebeldia costumam ser espíritos que duram gerações e são difíceis de expulsar. A gulodice e a embriaguez são sinais de rebeldia (Deuteronômio 21:20).

A rebeldia é como o pecado da bruxaria (1Samuel 15:23). Deus humilhou Israel no deserto ao alimentar seu povo apenas com maná (Deuteronômio 8:3). Israel desejou carne no deserto. Essa foi uma manifestação de rebeldia (Salmos 106:14-15).

Orações que quebrantam um espírito orgulhoso

Que o Senhor arruíne o orgulho de Judá e o orgulho desmedido de Jerusalém (Jeremias 13:9).

Eu quebro o orgulho de Moabe. Não mais terá orgulho da sua arrogância exagerada, de todo o seu orgulho e do seu ódio. A mentira que fala não existirá (Isaías 16:6).

Obrigado, Senhor, por me prevenir das más ações e livrar-me do orgulho, para que minha alma se liberte do poço e minha alma não pereça pela espada (Jó 33:17).

Senhor, eu quebro o espírito da arrogância. Por favor, responde quando eu clamar (Jó 35:12).

Eu repreendo a vergonha que vem do espírito do orgulho (Provérbios 11:2).

Eu evitarei discussões que vêm do espírito do orgulho (Provérbios 13:10).

Eu quebranto o espírito do orgulho, para que eu não caia em destruição (Provérbios 16:18).

Eu quebranto o espírito do orgulho. Ele não vai me desonrar. Eu terei espírito humilde (Provérbios 29:23).

Não terei orgulho por colar nem violência por veste (Salmos 73:6).

Não me encherei de orgulho, nem cairei na mesma condenação em que caiu o diabo (1 Timóteo 3:6).

Eu removo todo o orgulho de minha vida, em nome de Jesus. Não tropeçarei em iniquidade, como Israel, Efraim e Judá (Oseias 5:5).

O espírito do orgulho não me controlará. Eu não serei arrasado no dia do castigo (Oseias 5:9).

Eu não deixarei o espírito do orgulho me causar dispersão (Lucas 1:51).

Jejuando para superar o espírito do orgulho

O Senhor é maior do que o espírito do orgulho (Êxodo 18:11).

Escute e dê atenção, espírito do orgulho. O Senhor falou (Jeremias 13:15).

Eu ordeno que o espírito do orgulho cesse a perseguição ao pobre. Que ele seja apanhado em suas tramas (Salmos 10:2).

Não permitas que o arrogante me pisoteie, nem que a mão do ímpio me faça recuar (Salmos 36:11).

O Senhor quebrará o orgulho rebelde; ele fará que o céu fique como ferro e a terra como bronze (Levítico 26:19).

Que o orgulho de Israel seja quebrado, em nome de Jesus.

Que eles não testifiquem diante de Deus sem se voltar para o Senhor, seu Deus (Oseias 7:10).

Senhor, traz desonra ao espírito do orgulho e humilhe todos os que têm fama na terra (Isaías 23:9).

Eu temo o Senhor; portanto, odeio o mal, odeio o orgulho e a arrogância, o mau comportamento e o falar perverso (Provérbios 8:13).

Eu quebranto o espírito da ostentação dos bens, que não provém do Pai, mas do mundo (1João 2:16).

Eu não me julgarei sábio (Provérbios 26:12).

Que a coroa orgulhosa dos bêbados de Efraim seja pisoteada (Isaías 28:3).

Como faz o nadador para nadar, Senhor, estenda tuas mãos para abater o orgulho (Isaías 25:11).

Como o rei Ezequias, que todo líder orgulhoso humilhe-se e reconheça seu orgulho, para que a ira do Senhor não venha sobre seu povo (2Crônicas 32:26).

Não permita à arrogância do meu coração enganar-me, pois eu já fui derrubado (Obadias 1:3).

Os orgulhosos de coração são abominação para o Senhor. Sem dúvida serão punidos (Provérbios 16:5).

Que as cidades deles e tudo que nelas existe seja dado aos inimigos (Amós 6:8).

Aqueles que vivem com arrogância serão humilhados pelo Rei dos céus (Daniel 4:37).

Os aliados do Egito cairão, e a sua orgulhosa força fracassará. Todos os que nele se abrigam cairão pela espada (Ezequiel 30:6).

Eu me levanto contra o espírito do vaidoso e arrogante, que age com extremo orgulho (Provérbios 21:24).

O Senhor humilha os de olhos altivos (Salmos 18:27).

Que a arrogância tropece e caia, e ninguém a ajude a se levantar. Que o Senhor incendeie as suas cidades, e o fogo consuma tudo ao redor (Jeremias 50:32).

Que outros façam elogios a mim, não minha boca; outras pessoas, não os meus lábios (Provérbios 27:2).

Não tenho a pretensão de me igualar ou de me comparar com alguns que se recomendam a si mesmos. Esses agem sem entendimento (2Coríntios 10:12).

Eu não vou atrás dos orgulhosos, dos que se afastam para seguir deuses falsos. Minha confiança está no Senhor (Salmos 40:4).

Senhor, o meu coração não é orgulhoso (Salmos 131:1).

Que o Senhor dê fim à arrogância dos altivos e humilhe o orgulho dos cruéis (Isaías 13:11).

O Senhor não vai tolerar o homem de olhos arrogantes e de coração orgulhoso (Salmos 101:5).

Eu não andarei orgulhoso nem deixarei arrogância sair de meus lábios (1Samuel 2:3).

O Senhor se opõe aos orgulhosos. Que eu seja como o humilde que recebe graça de Deus (Tiago 4:6).

CAPÍTULO 24

JEJUANDO PARA SUPERAR O CICLO VICIOSO DO RETROCESSO

Mas o meu justo viverá pela fé.
E, se retroceder, não me agradarei dele.
— HEBREUS 10:38

O retrocesso e uma caminhada inconsistente na fé são sinais de indecisão, de alternância entre estilos de vida diferentes. Esse é um padrão que já vi em muitos fiéis. Eu já vi fiéis se comprometerem com Cristo e depois voltarem para o mundo. Então tornam a voltar para a igreja e repetem esse processo indefinidamente. É de partir o coração.

Esse problema também aconteceu nos primeiros dias da Igreja. Muitos fiéis deixavam a fé e retomavam à antiga religião. A fé deles era vacilante. Aqueles cristãos também lutavam e guerreavam uns contra os outros, e Tiago ordenou que eles se humilhassem e limpassem as mãos (Tiago 4). Note que, nessa mesma passagem, os espíritos da luxúria e do orgulho são prevalentes na indecisão, e junto se veem disputas, agressividade

140   JEJUM - PROGRESSO E LIBERTAÇÃO

e adultério. O adultério é a infidelidade a um pacto e pode se referir ao retrocesso e à apostasia. Alguns daqueles fiéis estavam deixando Cristo para retornar ao mundo; Tiago os chamou de pecadores (Tiago 4:8).

A indecisão alimenta a descrença e a dúvida. O retrocesso e a apostasia podem ser sinais de indecisão. O profeta Jeremias revelou que o remédio para o retrocesso é a cura — em outras palavras, a libertação (Jeremias 3:22).

Você está indeciso em sua caminhada com Cristo? Você tem uma história de retrocesso e de abandono da fé? Você é culpado de mundanidade e carnalidade? Você cede ante a pressão ou perseguição e retorna ao mundo? Tudo isso é sinal de indecisão.

O indeciso não é estável o suficiente para lidar com os desafios que surgem quando se é um fiel. Ele geralmente se retrai ou se rebela. É preciso tornar-se estável para caminhar de forma consistente com Deus. A libertação é a resposta, e eu estou comprometido em ver essa verdade ensinada na Igreja.

Um olhar mais profundo para o retrocesso no Antigo e no Novo Testamento

Os termos em hebraico para retrocesso são *meshubah*, que significa "apostasia: retrocesso, abandono",[1] e *sarar*, que significa "abandonar, ou seja, ser (moralmente) refratário — deixar, retroceder, rebelar-se, revoltar-se, voltar, teimar, retirar-se".[2] Há outros termos hebraicos, *shobab* e *shobeb*, que têm por significado "apóstata, ou seja, idólatra — retrocedente, covarde, revoltoso"; "que lembra o paganismo ou (de fato) pagão — retrocedente".[3]

Israel era uma nação indecisa e que assumia e descartava o pacto feito com Deus. Não era uma nação consistente em

Jejuando para superar o ciclo vicioso do retrocesso 141

lealdade a Deus. Israel era culpado de revolta, de rebeldia, de retrocesso, de teimosia, de idolatria e de agir como as outras nações pagãs que o cercavam. Para mim não há dúvida de que o retrocesso crônico é uma manifestação de indecisão.

O jejum pode restaurar seu pacto com Deus

No dia vinte e quatro do mês, os israelitas se reuniram, jejuaram, vestiram pano de saco e puseram terra sobre a cabeça [...] "Em vista disso tudo, estamos fazendo um acordo, por escrito, e assinado por nossos líderes, nossos levitas e nossos sacerdotes."

— NEEMIAS 9:1,38

O jejum é uma maneira pela qual podemos renovar o pacto com o Senhor. O jejum ajuda o fiel desgarrado a se restaurar. O jejum é parte da renovação do compromisso para com as coisas de Deus.

Orações de arrependimento

Senhor, eu me arrependo no pó e na cinza (Jó 42:6).

Eu me arrependo para não perecer (Lucas 13:3).

Eu me arrependo da maldade e oro ao Senhor que perdoe o pensamento do meu coração (Atos 8:22).

Não tolerarei o espírito de Jezabel em minha vida. Não terei grande sofrimento por conta do adultério com ela. Eu me arrependi e me apeguei com firmeza ao que tenho (Apocalipse 2:20-25).

Obrigado, Senhor, por cancelar meus pecados e conceder tempos de renovação por sua presença, porque eu me arrependi e me converti (Atos 3:19).

Senhor, eu me arrependo. Não tires o meu candelabro do lugar (Apocalipse 2:5).

Eu recebi o dom do Espírito Santo, porque me arrependi e fui batizado (Atos 2:38).

Senhor, eu me arrependo, porque o Reino dos céus está próximo (Mateus 3:2).

Senhor, eu me arrependo, realiza a maioria dos seus milagres em mim (Mateus 11:20).

Eu serei diligente e me arrependerei, porque o Senhor me repreende e disciplina (Apocalipse 3:19).

Eu me voltarei para Deus, praticando obras que mostrem meu arrependimento (Atos 26:20).

Eu me arrependo agora, porque Deus não vai levar em conta a ignorância para sempre (Atos 17:30).

A Assíria não me dominará, porque me arrependo voluntariamente (Oseias 11:5).

Eu me arrependo e creio no Evangelho (Marcos 1:1).

Eu me arrependo do meu caminho mau e de minhas más obras para permanecer na terra que o Senhor deu a mim e aos meus antepassados para sempre (Jeremias 25:5).

Eu me arrependo, Senhor, e desvio-me dos meus ídolos e renuncio a todas as práticas detestáveis (Ezequiel 14:6).

Não me julgues, ó Senhor. Eu me arrependo de todos os meus males, para que o pecado não cause minha queda (Ezequiel 18:30).

Eu me arrependo e suplico a ti, Senhor: "Eu pequei, pratiquei o mal e fui rebelde" (1Reis 8:47).

Eu me lembro do que recebi e ouvi. Portanto obedeço, arrependo-me e permaneço atento (Apocalipse 3:3).

Que o arrependimento para perdão dos pecados seja pregado em teu nome a todas as nações (Lucas 24:47).

Testifiquei diante de Deus e permaneço fiel ao meu Senhor Jesus Cristo (Atos 20:21).

Deus produz em tristeza o arrependimento que leva à salvação. Disso não me ressinto (2Coríntios 7:10).

Deus dá a Israel arrependimento e perdão de pecados (Atos 5:31).

Eu me porei a caminho e voltarei para meu pai e lhe direi: "Pai, pequei contra o céu e contra ti" (Lucas 15:18).

Orações para reativar o pacto com Deus em sua vida

Shalom, prosperidade e paz sejam minhas, por meio de Jesus Cristo.

Eu sou um santo de Deus.

Eu sou um filho de Deus.

Eu tenho um pacto com Deus.

Meu pacto é um pacto de paz, prosperidade e bênção.

Eu andarei no pacto todos os dias de minha vida.

Desfrutarei de *shalom*, prosperidade, paz e segurança todos os dias de minha vida.

Eu andarei na Aliança.

Eu serei fiel à Aliança pelo sangue de Jesus.

Eu tenho uma aliança de *shalom*, paz e prosperidade em minha vida.

Senhor, guarda o pacto e a misericórdia para com todo aquele que te ama e observa teus mandamentos (Êxodo 20:1-26).

Senhor, abençoa quem obedece à sua voz e guarda sua Aliança.

Senhor, eu reconheço teu pacto por meio de tua morte e teu sacrifício.

Eu escolho a vida (bênção) (Deuteronômio 30:19).

Venham tuas bênçãos sobre mim e me acompanhem (Deuteronômio 28:2).

144   JEJUM - PROGRESSO E LIBERTAÇÃO

Que eu seja abençoado na cidade e abençoado no campo (Deuteronômio 28:3).

Os filhos do meu ventre sejam abençoados, como também as colheitas da minha terra (Deuteronômio 28:4).

Minha cesta e a amassadeira sejam abençoadas (Deuteronômio 28:5).

Que eu seja abençoado em tudo que fizer (Deuteronômio 28:6).

Sejam derrotados os inimigos de minha alma, por sete caminhos fugirão (Deuteronômio 28:7).

Envia bênçãos aos meus celeiros e em tudo o que minhas mãos fizerem. Abençoa a terra que tudo me dá (Deuteronômio 28:8).

Faz de mim um homem santo em ti, Senhor (Deuteronômio 28:9).

Que todos os povos da terra vejam que sou chamado pelo nome do Senhor (Deuteronômio 28:10).

Conceda o Senhor grande prosperidade (Deuteronômio 28:11).

Abre sobre mim o teu tesouro, envia chuva à terra para abençoar todo o trabalho de minhas mãos (Deuteronômio 28:12).

Que eu empreste a muitas nações, e de nenhuma tome emprestado (Deuteronômio 28:12).

Faz de mim a cabeça, e não a cauda (Deuteronômio 28:13).

Que eu esteja sempre por cima, nunca por baixo (Deuteronômio 28:13).

CAPÍTULO 25

JEJUANDO PARA ALCANÇAR O PROGRESSO NO CASAMENTO

Portanto, o que Deus uniu, ninguém o separe.
— MARCOS 10:9

A indecisão afeta a capacidade de honrar e permanecer fiel ao pacto divino. Um pacto exige estabilidade, lealdade e fidelidade. Como é possível manter um pacto permeado de indecisão? Como é possível caminhar compactuado em meio à indecisão? Como é possível ter um relacionamento firme no pacto com tanta indecisão? Deus é um Deus que honra seus pactos, e o relacionamento com ele também deve ser fundado em um pacto.

O casamento é um pacto entre um marido e uma esposa. Alguém ainda se surpreende com a quantidade de divórcios que acontecem dentro e fora da Igreja? Muitas pessoas instáveis estão se casando. Uma pessoa indecisa terá um casamento instável. Ainda veremos muitos casamentos atribulados enquanto não atacarmos a indecisão. Dada a enorme quantidade de

146   JEJUM - PROGRESSO E LIBERTAÇÃO

casamentos que terminam em divórcio, não surpreende que a indecisão seja um grande problema.

> Eles afiam a língua como espada e apontam como flechas, palavras envenenadas. De onde estão emboscados atiram no homem íntegro; atiram de surpresa, sem qualquer temor.
>
> — SALMOS 64:3-4

Pessoas amargas falam crueldades que machucam. Um marido amargurado usa a língua para machucar a esposa. Uma esposa amargurada faz a mesma coisa. As palavras de uma pessoa amarga são como flechas que perfuram o coração dos que estão ao redor. É por isso que é tão horrível presenciar a amargura em um casamento. Um casal que é amargo entre si só diz palavras afiadas e cruéis até que as feridas do coração acabem abertas. Palavras machucam.

A Bíblia diz: "Maridos, amem suas mulheres" (Efésios 5:25). O amor é gentileza e fala palavras gentis. Em Colossenses 3:19 os maridos recebem a ordem não só de amar, mas também de não serem amargos: "Maridos, amem suas mulheres e não as tratem com amargura." O Espírito de Deus diz especificamente aos maridos para não serem amargos para com suas esposas, porque há uma tendência e uma tentação sobre os homens casados de, quando amargos, descontarem em suas esposas. Os homens amargurados são, muitas vezes a causa de inúmeros divórcios e problemas conjugais.

Isso não significa que as mulheres não podem ser amargas. Qualquer pessoa pode sofrer com o espírito da amargura, mas o trecho anterior pede especificamente que os maridos não sejam amargos para com suas esposas. Depois de aconselhar inúmeras mulheres, eu conversei com muitas que ficam se per-

Jejuando para alcançar o progresso no casamento 147

guntando por que seus maridos são tão abusivos — verbal, fisicamente — e as tratam com crueldade. De maneira geral, a raiz desse tratamento abusivo tem a ver com o marido não lidar com a amargura na própria vida.

A amargura também faz com que a pessoa se torne raivosa e abusiva. Como marido e mulher estão juntos — o casamento é o pacto mais íntimo que pode existir —, geralmente é a mulher que acaba sofrendo por conta de o homem não ter lidado com a própria amargura. A amargura de um homem destrói o casamento e a família e tem influência sobre os filhos. Apesar de a amargura afetar tanto homens quanto mulheres, eu tendo a focar mais nos homens porque, na vida, é comum encontrar homens que nunca lidaram com essa amargura.

Um conselho para maridos e pais

Existem muitos homens indecisos que estão casados e têm filhos. Uma família precisa de um homem forte e seguro. Aos homens é ordenado que sejam os provedores e protetores da família. Quando surge algum problema, é o marido e pai que deve se levantar e dizer: "Querida, eu cuido disto. Não se preocupe. Crianças, não se preocupem. Está tudo bem. Eu acredito em Deus. Eu oro. Eu amarro. Eu liberto. Eu tenho autoridade sobre o diabo. Eu sou o chefe da casa. Diabo, você não pode tomar minha esposa, meus filhos, minha família. Você não vai nos destruir, porque eu confio em Deus. Eu sou o chefe e a proteção desta casa."

Não obstante, o que costumamos ver são homens fracos e indecisos que deixam a esposa ir para a igreja e orar enquanto eles ficam em casa assistindo ao futebol. Então, quando surge um problema espiritual, eles não sabem orar, não sabem amarrar o diabo, libertar, enfrentar qualquer coisa, citar uma referência bíblica, nem nada mais. Eles deixam toda a família vulnerável a ataques.

As famílias do Reino precisam de homens santos que se levantam e dizem: "Eu temo o Senhor. Meu coração está firme. Eu não mudarei. Eu sou um homem santo. Eu não sou indeciso. Eu sou bastante decidido. Eu já tomei a decisão. Estou estabelecido em Deus. Não vou vacilar. Não vou duvidar. Eu acredito em Deus. Eu tomo o escudo da fé e elimino toda lança venenosa do maldito. Eu não sou um Acabe, um homem indeciso."

Aproveito para desafiar os homens a compreender a mensagem deste livro. Eu desafio os homens a se levantarem e serem decididos. Curem-se e libertem-se da indecisão; permitam que Deus os estabilize, para que sua personalidade ganhe maturidade em Cristo. Como o autor do Salmo 112, você pode ser o homem que não teme maus agouros porque seu coração está firme, voltado para o Senhor. Volte seu coração para Deus. Tome a firme decisão de servir a Deus e amá-lo de todo o coração. Seja um homem de Deus. Ame a Palavra. Ame o Espírito. Ame o que é certo e santo. Ame as coisas de Deus. Declare que você não terá vergonha de ser um homem de Deus em tudo que faz, sem vacilar.

Pode ser que outros homens vacilem e sejam bêbados, dados ao meretrício, mentirosos e traidores. Há homens que não desejam se casar, ter filhos ou manter um pacto. Mas não é esse tipo de homem que você tem de ser, homem de Deus. Não é isso que você deve almejar. Você pode ser um homem de Deus, que ama a esposa, os filhos, as pessoas, que é santo e puro, que ama orar, que ama louvar, que ama cantar e ama falar sobre as coisas de Deus. Sim, você pode ser um homem de Deus cujo coração é firme. Você sabe quem você é. Você pode ter certeza daquilo em que acredita e em quem você acredita. Você pode ser estável.

Orações para um casamento firme

Eu quebro e me liberto de toda maldição de divórcio e separação.

Eu exerço autoridade sobre meus pensamentos e amarro todo espírito de fantasia e pensamento luxurioso, em nome de Jesus.

Eu expulso toda luxúria que vise acabar com o casamento, em nome de Jesus.

Pai, o espírito de Jezabel é sedutor e causa enorme destruição no mundo hoje. Ensina-me: "O casamento deve ser honrado por todos; o leito conjugal, conservado puro." Que eu nunca esqueça, "pois Deus julgará os imorais e os adúlteros" (Hebreus 13:4).

Pai, a Palavra ensina a dolorosa lição da influência maligna de Jezabel. Apesar de o rei Josafá ter amado e servido ao Senhor em vida, o filho dele, Jeorão, entronizado rei depois dele, casou-se com a filha da rainha maligna Jezabel. Jeorão foi influenciado por esse espírito geracional maligno e levou o reino a adorar deuses falsos e a cair em grande imoralidade (2Crônicas 21:11). Por conta disso, tu fizeste com que ele morresse de terrível dor no estômago. Senhor, ajuda-nos a conduzir nossos filhos a casamentos santos e a ensinar-lhes as consequências de estar sob jugo desigual com o espírito maligno de Jezabel operando na vida do cônjuge.

Pai, em tua Palavra há o ensinamento: "'Aquele que se divorciar de sua mulher deverá dar-lhe certidão de divórcio'. Mas eu lhes digo que todo aquele que se divorciar de sua mulher, exceto por imoralidade sexual, faz que ela se torne adúltera, e quem se casar com a mulher divorciada estará cometendo adultério" (Mateus 5:31-32). Interrompe a influência maligna de Belial agindo sobre a sociedade que faz homens

150   JEJUM - PROGRESSO E LIBERTAÇÃO

e mulheres entrarem em relacionamento adúltero e em imoralidade sexual. Belial visa à destruição da divina instituição do casamento. Mantém-me puro em meus relacionamentos e permite que eu me junte à luta para salvar os casamentos.

Pai, tu disseste à igreja de Tiatira:

> "Conheço as suas obras, o seu amor, a sua fé, o seu serviço e a sua perseverança, e sei que você está fazendo mais agora do que no princípio. No entanto, contra você tenho isto: você tolera Jezabel, aquela mulher que se diz profetisa. Com os seus ensinos, ela induz os meus servos à imoralidade sexual e a comerem alimentos sacrificados aos ídolos. Dei-lhe tempo para que se arrependesse da sua imoralidade sexual, mas ela não quer se arrepender. Por isso, vou fazê-la adoecer e trarei grande sofrimento aos que cometem adultério com ela, a não ser que se arrependam das obras que ela pratica"
>
> (Apocalipse 2:19-22).

Examina meu coração, Senhor, e mostra-o para mim. Se o espírito de Jezabel estiver presente em minha vida, eu me arrependerei e rogarei por teu perdão. Se esse espírito maligno entrou em minha família e influenciou meus familiares com ensinamentos malignos, revele para mim, e eu o expulsarei da minha casa. Eu desejo que meu amor e o amor de minha família por ti sejam puros e santos diante de ti.

CAPÍTULO 26

JEJUANDO PARA RECUPERAR O QUE FOI PERDIDO

Por isso jejuamos e suplicamos essa bênção ao nosso
Deus, e ele nos atendeu.
— ESDRAS 8:23

*E*sdras e Neemias foram fundamentais para a recuperação da cidade de Jerusalém depois do cativeiro. Eles jejuaram e oraram para alcançar progresso. O jejum é uma das chaves para a recuperação. *Recuperar* significa devolver a saúde. Entre outros sinônimos, pode-se citar "renovar", "recarregar", "recriar", "refrescar", "restaurar", "regenerar".

Uma muralha despedaçada significa uma vida quebrada. Quem experimenta uma muralha despedaçada na vida pode se recuperar com a ajuda do jejum. O jejum ajuda na cura e na restauração.

Seu povo reconstruirá as velhas ruínas e restaurará os alicerces antigos; você será chamado reparador de muros, restaurador de ruas e moradias.

— ISAÍAS 58:12

152   JEJUM - PROGRESSO E LIBERTAÇÃO

Vou compensá-los pelos anos de colheitas que os gafanhotos destruíram: o gafanhoto peregrino, o gafanhoto
devastador, o gafanhoto devorador e o gafanhoto cortador, o meu grande exército que enviei contra vocês.

— JOEL 2:25

O jejum pode ajudar a recuperar a alegria, a força, a vitória, o poder, a saúde e a unção. Se você perdeu a alegria, o zelo,
a paixão ou a vitória, então eu recomendo o jejum.

O jejum fecha rachaduras e promove restauração e reconstrução

Seu povo reconstruirá as velhas ruínas e restaurará os alicerces antigos; você será chamado reparador de muros,
restaurador de ruas e moradias.

— ISAÍAS 58:12

Quando ouvi essas coisas, sentei-me e chorei. Passei dias
lamentando, jejuando e orando ao Deus dos céus.

— NEEMIAS 1:4

Existem muitos fiéis que precisam de restauração. Eles precisam de restauração na família, nas finanças, nos relacionamentos, na saúde e na caminhada com o Senhor. O jejum é
parte dessa recuperação, porque fecha as rachaduras. Rachaduras são brechas na muralha que dão ao inimigo acesso a
nossas vidas. As rachaduras precisam ser reparadas e fechadas.
Quando essas rachaduras se fecham, o inimigo deixa de ter
abertura para atacar.

O jejum também ajuda a permanecer no caminho certo (Isaías 58:12). O jejum ajuda a impedir que nos perca-

mos e ajuda aqueles que se desviaram do caminho certo a retornar. O jejum é a cura para o retrocesso.

O jejum ajuda a trilhar o caminho do bem (Provérbios 2:9), o caminho da vida (Provérbios 2:19), o caminho da paz (Provérbios 3:17), o caminho antigo (Jeremias 6:16) e o caminho reto (Hebreus 12:13). O jejum recupera esses caminhos e ajuda a neles caminhar.

Em Neemias 1 vemos que o caminho de Neemias para recuperar e reconstruir as muralhas de Jerusalém começa com um jejum. O jejum deu início aos acontecimentos que tornaram os planos dele possíveis. O jejum é uma ferramenta de grande valor para quem quer que deseje ver a recuperação na vida das pessoas que passaram por algum sofrimento.

O jejum ajuda a restaurar e a reconstruir as muralhas de nossa vida que foram destruídas. Uma muralha é um símbolo de proteção e de segurança. Uma cidade sem muralhas está aberta aos ataques do inimigo (Provérbios 25:28). O jejum ajuda a recuperar os muros da salvação (Isaías 60:18). O jejum ajuda a devolver as sentinelas aos muros (Isaías 62:6).

Orações que fecham rachaduras

Eu fecho toda rachadura em minha vida que dê acesso a Satanás e aos demônios, em nome de Jesus (Eclesiastes 10:8).

Eu rogo para que todo muro derrubado em minha vida seja restaurado, em nome de Jesus (Eclesiastes 10:8).

Eu ergo o muro e me ponho na brecha (Ezequiel 22:30).

Eu me arrependo e recebo perdão por todo pecado que tenha aberto a porta para um espírito entrar e operar em minha vida (Efésios 4:27).

Eu serei o reparador de muros, restaurador de ruas e moradias (Isaías 58:12).

Eu renuncio a todo falar enganoso que cause rachadura, em nome de Jesus (Provérbios 15:4).

Cura todas as minhas feridas, ó Senhor (Isaías 30:26).

Que as brechas sejam fechadas, em nome de Jesus (Neemias 4:7).

Sejam meus muros minha salvação; e minhas portas, meu louvor (Isaías 60:18).

Eu rogo por uma cerca de proteção ao redor de minha mente, meu corpo, minhas finanças, meus bens e minha família, em nome de Jesus.

CAPÍTULO 27

JEJUANDO PARA ALCANÇAR O PROGRESSO NA VIDA DOS FILHOS

Todos os seus filhos serão ensinados pelo SENHOR,
e grande será a paz de suas crianças.
— ISAÍAS 54:13

O sucesso pessoal e espiritual dos filhos é a maior preocupação de muitas orações dos fiéis. Nós sempre esperamos o melhor. Não obstante há momentos em que os filhos precisam da força da nossa fé na promessa de Deus. Há momentos em que os problemas que eles encaram precisam que nós usemos da sabedoria e da maturidade espiritual em nome deles. É possível ajudar um filho pelo jejum e pela oração que pedem salvação, libertação, cura, sucesso e progresso. Serão enviados anjos para intervir na vida deles e para entregar a eles o futuro e a esperança que Deus prometeu.

Não perca as esperanças se seu filho estiver distante do Senhor. O jejum e a oração que você faz podem alcançar a plenitude da salvação na vida dele. Seu jejum pode desativar e reverter as armas que o inimigo tenta apontar para ele. Seu filho será ensinado pelo Senhor e não se desviará do caminho santo. O jejum fecha rachaduras e furos, traz salvação e libertação para o lar. O jejum é a cura para o retrocesso. O Senhor é fiel ao pacto que ele fez com você. Deus sempre mantém sua promessa.

Quando você orar e jejuar em nome de seus filhos, peça que o Senhor lhe dê olhos espirituais com que você possa ver seus filhos. Não deixe aquilo que você vê na terra abalar sua fé, porque você conhece a promessa do Senhor.

O jejum libera a glória de Deus para sua proteção e de seus filhos

> Aí sim, a sua luz irromperá como a alvorada, e prontamente surgirá a sua cura; a sua retidão irá adiante de você, e a glória do SENHOR estará na sua retaguarda.
>
> — ISAÍAS 58:8

Ao longo deste livro, eu venho usando os versículos de Isaías 58 como esteio, porque nele o Senhor dá instruções de como deve ser o jejum escolhido. Muitas promessas se revelam nessa passagem, promessas que Deus há de honrar quando jejuarmos. A proteção divina é mais uma das promessas em Isaías 58.

Deus prometeu nos proteger com sua glória. O jejum libera a glória do Senhor, que nos cobre. Deus prometeu cobrir a Igreja com sua glória como proteção (Isaías 4:5). O inimigo não consegue penetrar nem superar a glória divina.

O jejum prepara o caminho para você e para seus filhos, e liberta dos inimigos que estão à espreita.

> Ali, junto ao canal de Aava, proclamei um jejum, a fim de que nos humilhássemos diante do nosso Deus e lhe

Jejuando para alcançar o progresso na vida dos próprios filhos   157

pedíssemos uma viagem segura para nós e nossos filhos, com todos os nossos bens [...] No décimo segundo dia do primeiro mês nós partimos do canal de Aava e fomos para Jerusalém. A mão do nosso Deus esteve sobre nós, e ele nos protegeu do ataque de inimigos e assaltantes pelo caminho.

— ESDRAS 8:21,31

O profeta Esdras jejuou porque reconheceu os perigos de sua missão. O jejum protege você e seus filhos dos planos do inimigo e destrói as armadilhas do diabo. O jejum faz com que seus bens sejam protegidos dos ataques do inimigo.

Confissões de sabedoria para declarar em nome de seus filhos

Meus filhos recebem a sabedoria de Deus e o temor do Senhor. Que isso seja parte da vida deles.

Meus filhos tomarão decisões sábias.

Meus filhos conhecerão a Palavra de Deus.

Eu acredito que a sabedoria acompanhará meus filhos.

A sabedoria os abençoará.

A sabedoria os protegerá.

A sabedoria os promoverá.

A sabedoria os exaltará.

A sabedoria é a coisa mais importante.

Meus filhos receberão sabedoria, a sabedoria da Palavra, o Espírito da sabedoria.

Jesus será a sabedoria deles.

Jesus estará na vida deles.

Meus filhos receberão sabedoria do céu para caminhar na terra.

158   JEJUM - PROGRESSO E LIBERTAÇÃO

Obrigado, Senhor, por abençoares meus filhos com sabedoria.

Meus filhos não tomarão decisões tolas.

Meus filhos não farão escolhas tolas.

Meus filhos não terão relacionamentos tolos.

Meus filhos andarão em sabedoria todos os dias de suas vidas e serão abençoados, em nome de Jesus.

Senhor, ensina a meus filhos o caminho da sabedoria e encaminha-os por veredas retas (Provérbios 4:11).

Que a sabedoria preserve a vida dos meus filhos (Eclesiastes 7:12).

Meus filhos terão discernimento calcado em sabedoria (Provérbios 14:33).

Meus filhos darão ouvidos à sabedoria, Senhor, e inclinarão o coração para o discernimento (Provérbios 2:2).

Meus filhos não depositarão confiança na sabedoria humana, mas no poder de Deus (1Coríntios 2:5).

Em ti, Senhor, estão escondidos os tesouros da sabedoria e do conhecimento (Colossenses 2:3).

Meus filhos ouvirão os que têm idade falar, pois é a idade que ensina sabedoria (Jó 32:7).

Senhor, tua sabedoria é mais proveitosa do que a prata e rende mais do que o ouro (Provérbios 3:14).

Que a sabedoria multiplique os dias de meus filhos, e o tempo da vida deles se prolongará (Provérbios 9:11).

Que a casa dos meus filhos seja construída com sabedoria, e com discernimento seja consolidada (Provérbios 24:3).

Meus filhos não serão tolos para confiarem em si mesmos, mas andarão segundo a sabedoria sem correr perigo (Provérbios 28:26).

Que os frutos da vida dos meus filhos comprovem sua sabedoria (Lucas 7:35).

Jejuando para alcançar o progresso na vida dos próprios filhos 159

Que o temor do Senhor ensine sabedoria a meus filhos (Provérbios 15:33).

Meus filhos cumprirão os teus preceitos para adquirir bom senso (Salmos 111:10).

Enche meus filhos do Espírito, ó Deus, dando-lhes destreza, habilidade e plena capacidade artística (Êxodo 31:3).

Senhor, dá a meus filhos sabedoria e conhecimento para liderar (2Crônicas 1:10).

Que as gerações anteriores ensinem a meus filhos a sabedoria antiga (Jó 8:8-10).

Deus é quem tem sabedoria e poder (Jó 12:13).

Tua sabedoria, ó Senhor, não pode ser conquistada em troca de joias de ouro. O preço da sabedoria ultrapassa o dos rubis (Jó 28:17-18).

Meus filhos ficarão em silêncio. Ensina-lhes a sabedoria (Jó 33:33).

A sabedoria livrará meus filhos do caminho dos maus e da mulher imoral (Provérbios 2:12,16).

Meus filhos se apegarão à sabedoria, que é felicidade e árvore que dá vida (Provérbios 3:18).

Meus filhos darão atenção à sabedoria, Senhor. Eles inclinarão os ouvidos ao discernimento (Provérbios 5:1).

Dá sabedoria a meus filhos, para que o conhecimento lhes venha facilmente (Provérbios 14:6).

Dá sabedoria a meus filhos, para que tenham prudência, conhecimento e bom senso (Provérbios 8:12).

Obrigado, Senhor, por dares a meus filhos a sabedoria e o conhecimento necessários (2Crônicas 1:12).

Meus filhos não serão sábios aos próprios olhos; eles temerão ao Senhor e evitarão o mal (Provérbios 3:7).

Meus filhos não abandonarão a sabedoria, e ela os protegerá e cuidará deles (Provérbios 4:6).

160   JEJUM - PROGRESSO E LIBERTAÇÃO

A sabedoria é melhor do que a força (Eclesiastes 9:16).

Eu te agradeço e te louvo, ó Deus dos meus antepassados; tu deste aos meus filhos sabedoria e poder (Daniel 2:23).

Pois tu darás palavras e sabedoria a meus filhos, para que nenhum dos adversários deles seja capaz de resistir ou contradizê-los (Lucas 21:15).

Meus filhos precisam de sabedoria; portanto peço-a a Deus, que a todos dá livremente, de boa vontade (Tiago 1:5).

Eu rogo que a vida de meus filhos te agrade, ó Deus, para recompensá-los com sabedoria, conhecimento e felicidade (Eclesiastes 2:26).

Orações para seus filhos caminharem no favor divino

Pai, eu agradeço pelo teu favor. Eu creio no poder do favor divino.

Eu me humilho e peço pelo teu favor para meus filhos. Eles precisam do favor divino em todas as áreas da vida.

Eu creio que meus filhos aumentam em favor. Eu declaro que eles desejam andar em níveis ainda mais altos de favor. Eles recebem abundância de favor e reinam em vida mediante o favor divino. Eles recebem imenso favor.

O favor se multiplica sobre meus filhos conforme crescem no conhecimento de ti e do Senhor Jesus Cristo. Eles doam. Quando doam, teu favor abunda. Eu declaro que eles são misericordiosos e confiáveis. Eles têm o favor de Deus e do homem.

Eu creio que tu suportarás, endossarás, ajudarás, facilitarás, promoverás e honrarás meus filhos, por conta do favor divino. Eles desfrutarão do título de "filhos favoritos" do Pai celestial. Teu favor envolve meus filhos como escudo.

Jejuando para alcançar o progresso na vida dos próprios filhos 161

Teu favor transborda na vida dos meus filhos. Obrigado, Pai, pelo favor que concedes a eles.

Eu te louvo e rendo glórias pelo favor concedido a meus filhos.

Senhor, tu concedeste a meus filhos vida e favor.

Eu agradeço a Deus pelo favor concedido à vida de meus filhos.

Eu creio que nova vida e novo favor foram separados para meus filhos.

Hoje meus filhos recebem nova vida e novo favor.

Eu creio que o favor é dom celestial.

Meus filhos recebem o dom da vida — o dom da vida eterna.

Meus filhos recebem o dom do favor e o dom da graça em suas vidas, em nome de Jesus.

Obrigado, Senhor, pela nova graça e pelo novo favor, nova prosperidade e nova bênção concedidas aos meus filhos.

Meus filhos são a menina dos olhos de Deus.

Meus filhos são favoritos de Deus.

Deus favorece, ama e escolhe meus filhos desde a criação do mundo, para que recebam graça e favor divino.

Meus filhos recebem favor extraordinário na vida, em nome de Jesus!

Sejam meus filhos atraentes e de boa aparência (Gênesis 39:6).

Senhor, dá a meus filhos bondade, concede-lhes simpatia (Gênesis 39:21).

Senhor, concede a meus filhos disposição favorável em vista do mundo (Êxodo 12:36).

Que meus filhos tenham fartura do favor do Senhor, como Naftali (Deuteronômio 33:23).

162 JEJUM - PROGRESSO E LIBERTAÇÃO

Tenham meus filhos a estima do Senhor e do povo (1Samuel 2:26).

Tenham meus filhos o favor do rei (1Samuel 16:22).

Que meus filhos sejam bem acolhidos pelo rei (1Reis 11:19).

Que meus filhos ganhem aprovação, como Ester (Ester 2:17).

Deste vida e foste bondoso para com meus filhos, e na tua providência cuidaste do espírito deles (Jó 10:12).

Eu oro a ti, Deus: concede favor a meus filhos (Jó 33:26).

Abençoa meus filhos; o teu favor os proteja como um escudo (Salmos 5:12).

No teu favor há vida (Salmos 30:5).

Senhor, com o teu favor, dá a meus filhos firmeza e estabilidade (Salmos 30:7).

O inimigo de meus filhos não triunfará sobre eles, com teu favor (Salmos 41:11).

Por teu favor, meus filhos serão libertados da escravidão (Salmos 85:1).

Por teu favor, sejam exaltadas as forças de meus filhos (Salmos 89:17).

O tempo certo é chegado para o favor a meus filhos (Salmos 102:13).

De todo o coração, suplico o teu favor a meus filhos (Salmos 119:58).

Seja teu favor a meus filhos como nuvem de chuva na primavera (Provérbios 16:15).

Seja tua bondade para com meus filhos como o orvalho sobre a relva (Provérbios 19:12).

Meus filhos escolhem teu favor mais que prata e ouro (Provérbios 22:1).

Sejam meus filhos agraciados (Lucas 1:28).

CAPÍTULO 28

JEJUANDO PARA VER A SALVAÇÃO DOS AMADOS PERDIDOS

Ao mesmo tempo, orem também por nós,
para que Deus abra uma porta para a nossa
mensagem, a fim de que possamos proclamar o
mistério de Cristo, pelo qual estou preso.
— COLOSSENSES 4:3

Portas são pontos de entrada que fornecem acesso. O acesso de Deus a uma família pode vir através de uma única pessoa. Cada pessoa está ligada a outra, e todo mundo tem influência sobre a vida de alguém. Uma família consiste em relacionamentos interpessoais importantes que Deus usa para ligar as pessoas ao evangelho e à salvação.

Ao longo do Novo Testamento, as palavras "salvar", "salvo" e "salvação" têm raiz no termo grego *sozo*, que significa "salvar", "resgatar", "proteger". *Sozo* também pode ser traduzido no Novo Testamento com termos como "curar", "preservar", "salvar", "fazer bem" e "tornar íntegro". O termo grego *soteria* (que também tem origem em *sozo*) é a principal palavra tra-

164   JEJUM - PROGRESSO E LIBERTAÇÃO

duzida como "salvação". *Soteria* também pode ser traduzido como "libertar", "saúde", "salvação" e "salvar".

Sozo, que é usado 110 vezes no Novo Testamento, é originalmente um termo grego que significa "salvar", "curar", "tornar íntegro". De acordo com o dicionário Strong, *sozo* também significa "salvar", "libertar", "curar". Os autores do Novo Testamento mostraram a plenitude do termo *sozo* ao usá-lo em diferentes contextos para refletir cada aspecto da salvação.

1. Salvar, manter são e salvo, resgatar do perigo ou da destruição (do sofrimento ou do perigo)
2. Salvar alguém que sofre (que perece), isto é, alguém que sofre com doença; curar, devolver à saúde
3. Preservar aquele que está sob risco de destruição, salvar ou resgatar
4. Salvar no sentido técnico bíblico
5. Libertar das penalidades do julgamento messiânico
6. Salvar dos males que obstruem o recebimento da libertação messiânica

O pacto de um fiel pode abrir as portas da salvação para a família na caminhada com Deus, como fez Abraão. O pacto faz o fiel caminhar em obediência e fé. O pacto de um fiel pode interceder junto à família e esperar que Deus cure e liberte. Deus ouve a oração do justo. Ele é amigo do fiel. A plenitude da salvação se estende à família por conta do pacto feito.

Há muitos exemplos de salvação que se estendem à família nas Escrituras. Ao longo da história, já se viu a Palavra de Deus chegar a muitos lares. Apenas a eternidade poderá revelar a quantidade de lares que foram salvos ao longo do tempo. A boa notícia é que Deus deseja visitar e salvar o seu lar.

Quando entrarem numa casa, digam primeiro: "Paz a esta casa." Se houver ali um homem de paz, a paz de vocês repousará sobre ele; se não, ela voltará para vocês.

— **Lucas 10:5-6**

A paz (*shalom*) pode entrar em um lar. O Evangelho é um evangelho de paz. A salvação traz paz. *Shalom* significa "paz", "saúde", "favor", "plenitude". É o que Deus deseja para os lares que creem no evangelho da paz.

Orações para a salvação da família

Deus, tu és o Deus fiel, o Deus que honra o pacto. Tu te manténs fiel e leal a milhares de gerações. Eu tenho um pacto contigo mediante o sangue de Jesus, que provê a salvação, o perdão e a bênção em minha vida. Tu prometeste a Abraão que, por meio da semente dele, todas as famílias da terra seriam abençoadas. Jesus é a semente prometida e, por meio dele, minha família pode ser abençoada.

Eu venho diante de ti, em nome de minha família, e peço que a salvação, a proteção, a libertação e a cura se manifestem em minha família. Rogo para que todos em minha família que ainda não têm aliança contigo sejam levados a ti pelo Espírito e aceitem Jesus como Senhor e Salvador. Rogo que a bênção seja derramada sobre minha família, e que esta se beneficie dessas bênçãos.

Tem misericórdia de minha família e derrama teu amor e gentileza sobre nós. Que tua graça e teu favor estejam conosco. Que minha família, nesta geração, seja abençoada, e que as gerações futuras firmem o mesmo pacto contigo e sejam salvas.

Senhor, salva minha família.

166   JEJUM - PROGRESSO E LIBERTAÇÃO

Senhor, que tua Palavra chegue a todos os meus familiares e que eles creiam nela.

Eu amarro e repreendo todo demônio que impede os membros de minha família de receberem salvação.

Senhor, que a salvação entre em meu lar. Que meu lar seja como o lar de Obede-Edom (2Samuel 6:11).

Declare a salvação do Senhor em sua família

Minha família espera a tua libertação (Gênesis 49:18).

Minha família aguarda a tua salvação, Senhor, e pratica os teus mandamentos (Salmos 119:166).

Os meus olhos já viram a salvação de minha família (Lucas 2:30).

O Senhor é a rocha e salvação de minha família. Ele é torre alta, não se abala (Salmos 62:6).

Do Senhor vem o livramento. A tua bênção está sobre minha família (Salmos 3:8).

Minha família confia em teu amor; nossos corações exultam em tua salvação (Salmos 13:5).

Minha família se regozijará em tua salvação (Salmos 35:9).

Apressa-te a ajudar minha família, Senhor, nosso Salvador (Salmos 38:22).

Devolve a alegria da tua salvação à minha família e sustenta-nos com um espírito pronto a obedecer (Salmos 51:12).

Sejam conhecidos em minha família os teus caminhos, a tua salvação esteja entre nós (Salmos 67:2).

O Senhor traz salvação sobre a terra (Salmos 74:12).

Mostra-nos o teu amor, ó Senhor, e concede-nos a tua salvação! (Salmos 85:7).

O Senhor nos dará vida longa e nos mostrará a salvação (Salmos 91:16).

Jejuando para ver a salvação dos amados perdidos

Minha família aguarda a tua salvação e o cumprimento da tua justiça (Salmos 119:123).

Minha família te dá graças, ó Senhor, porque nos respondeste e foste a nossa salvação (Salmos 118:21).

Minha família anseia pela tua salvação, Senhor, e a tua lei é o nosso prazer (Salmos 119:174).

Minha família espera tranquila pela salvação do Senhor (Lamentações 3:26).

O Senhor promoveu poderosa salvação para minha família (Lucas 1:69).

O Senhor deu à minha família o conhecimento da salvação (Lucas 1:77).

A graça de Deus se manifestou salvadora à minha família (Tito 2:11).

Jesus é a fonte de eterna salvação de minha família, porque lhe obedecemos (Hebreus 5:9).

Deus é a salvação de minha família; nele teremos confiança e não temeremos. O Senhor é nossa força e nosso cântico (Isaías 12:2).

O Senhor traz retidão para minha família, ela não está distante; nossa salvação não será adiada. Ele nos concederá salvação, pois somos o esplendor dele (Isaías 46:13).

De fato o Senhor, nosso Deus, é a salvação de minha família (Jeremias 3:23).

O Senhor dá o escudo de livramento à minha família (2Samuel 22:36).

O Senhor é a Rocha que salva minha família (2Samuel 22:47).

O Senhor é torre de salvação para minha família. Ele será misericordioso com meus descendentes para sempre (2Samuel 22:51).

Minha família cantará ao Senhor proclamando a salvação dia após dia (1Crônicas 16:23).

168 JEJUM - PROGRESSO E LIBERTAÇÃO

Minha família exulta na salvação do Senhor (Salmos 9:14).

Grande é a glória de minha família na salvação do Senhor. De esplendor e majestade fomos cobertos (Salmos 21:5).

Minha família espera no Senhor o tempo todo, pois ele é o Deus de nossa salvação (Salmos 25:5).

Deus é o Salvador de minha família. Cada dia ele suporta nossas cargas (Salmos 68:19).

O Deus de nossa salvação vai nos restaurar e desfazer o furor para conosco (Salmos 85:4).

Perto de minha família está a salvação do Senhor, porque o tememos. A glória divina habita em nossa terra (Salmos 85:9).

O Senhor se lembrou do seu amor leal e da sua fidelidade para com minha família; todos nós vimos a salvação (Salmos 98:3).

Lembra-te de minha família, Senhor, segundo a tua bondade; visita-nos com tua salvação (Salmos 106:4).

Minha família erguerá o cálice da salvação e invocará o nome do Senhor (Salmos 116:13).

A salvação do Senhor virá sobre minha família, segundo a promessa (Salmos 119:41).

O Senhor vestiu de salvação os sacerdotes de minha família (Salmos 132:16).

O Senhor é a força de nossa salvação. Ele nos protege a cabeça no dia da batalha (Salmos 140:7).

O Senhor agrada-se de minha família; ele nos coroa de vitória (Salmos 149:4).

A salvação do Senhor está perto de minha família, e logo será revelada a retidão (Isaías 56:1).

Hoje há salvação nesta família, porque também somos filhos de Abraão (Lucas 19:9).

Jejuando para ver a salvação dos amados perdidos

Saiba a minha família que esta salvação de Deus é enviada a nós; nós a ouviremos (Atos 28:28).

A respeito da salvação de minha família que os profetas falaram (1Pedro 1:10).

O Senhor socorrerá minha família no dia da salvação (2Coríntios 6:2).

Agora é o dia da salvação para minha família (2Coríntios 6:2).

Minha família se exalta sobre os inimigos, pois nos alegramos em tua libertação (1Samuel 2:1).

Neste dia o Senhor trouxe libertação à minha família (1Samuel 11:13).

O Senhor é o escudo e o poderoso salvador de minha família. Ele nos salva dos violentos (2Samuel 22:3).

Ainda que minha família não esteja com Deus, ele fez uma aliança eterna conosco. Essa é nossa salvação, e ele certamente nos fará prosperar (2Samuel 23:5).

O Senhor concederá a salvação que desejamos (2Samuel 23:5).

Minha família glorifica o Senhor e oferece gratidão como sacrifício; por isso ele nos mostrará a salvação (Salmos 50:23).

O Senhor é a salvação de minha família na hora do perigo (Isaías 33:2).

Minha família será salva com salvação eterna; nós jamais seremos envergonhados ou constrangidos (Isaías 45:17).

A salvação do Senhor para minha família é de geração a geração (Isaías 51:8).

O Evangelho de Cristo é o poder da salvação de minha família (Romanos 1:16).

Chegou a hora de minha família despertar do sono, porque agora a salvação está mais próxima do que quando no princípio cremos (Romanos 13:11).

170 JEJUM - PROGRESSO E LIBERTAÇÃO

Que esta tristeza segundo Deus produza em nós arrependimento que leve à salvação (2Coríntios 7:10).

Minha família crê no Senhor depois de ouvir a palavra da verdade, o Evangelho que nos salvou. Nós fomos selados com o Espírito Santo da promessa (Efésios 1:13).

Minha família ficará firme e verá o livramento que o Senhor nos trará hoje (Êxodo 14:13).

Salva minha família, ó Deus, nosso Salvador! Reúne-nos e livra-nos para darmos graças ao teu santo nome, e façamos do teu louvor a nossa glória (1Crônicas 16:35).

Não se ouvirá mais falar de violência em minha família, nem de ruína e destruição. Os nossos muros chamaremos de salvação; as nossas portas, louvor (Isaías 60:18).

O Senhor vestiu com as vestes da salvação minha família, e sobre nós pôs o manto da justiça (Isaías 61:10).

A salvação de minha família brilha como as chamas de uma tocha (Isaías 62:1).

CAPÍTULO 29

JEJUANDO PARA DERROTAR AS FORTALEZAS NA SUA CIDADE E NO SEU PAÍS

Deus os abençoou, e lhes disse:
"Sejam férteis e multipliquem-se! Encham e
subjuguem a terra! Dominem sobre os peixes do mar,
sobre as aves do céu e sobre todos os animais que se
movem pela terra."
— GÊNESIS 1:28

Beemote: algo de tamanho ou poder opressivo e monstruoso.[1]

Quando se trata de jejuar e orar por grandes territórios, como cidades e países, é preciso ter algum conhecimento dos espíritos que controlam tais áreas e de como eles devem ser combatidos. Falarei aqui de duas fortalezas territoriais que oprimem cidades e países inteiros — beemotes e demônios marinhos — e como devemos encará-los.

Beemote

Um beemote é um sistema grande o suficiente, em tamanho ou poder, capaz de oprimir multidões. Pode ser um sistema religioso, político, cultural ou econômico. Beemotes são fortalezas erguidas pelo inimigo para afastar o evangelho e manter multidões na escuridão. Eles precisam ser quebrados, para que milhões de pessoas sejam resgatadas da escuridão e banhadas pela luz gloriosa do conhecimento de Jesus Cristo.

O Senhor está criando um exército de fiéis que compreendem a guerra espiritual para desafiar e derrotar os beemotes de nossos dias.

Podem ser citados como exemplos de beemote:

- Comunismo: um sistema recente que foi abalado e que está caindo. O comunismo é um sistema que se opõe a Cristo e que controlou milhões de pessoas. Durante anos a Igreja jejuou e orou para alcançar o desmantelamento desse beemote, e agora se podem ver os resultados dessas orações.
- Islã: sistema que controla nações inteiras, escravizando milhões de pessoas com sua mensagem oposta a Cristo. Esse beemote impede o Evangelho de entrar nos territórios, e milhões de pessoas estão morrendo sem ter o conhecimento salvador de Jesus Cristo. Trata-se de um sistema opressor, que escraviza multidões com um rígido arranjo de leis. A boa notícia é que o beemote do Islã vai cair, assim como o beemote do comunismo está caindo, e o Evangelho será pregado a todas aquelas pessoas, por quem Jesus morreu.
- Igreja Católica: nos dias de Martinho Lutero, esse beemote religioso controlava reis, governos e países

Jejuando para derrotar as fortalezas na sua cidade e no seu país 173

inteiros. A palavra do papa era suprema e ele era considerado a voz de Cristo na terra. Ele era visto como infalível e tinha o direito de nomear, aprovar e desaprovar reis e soberanos. A Igreja Católica Apostólica Romana tinha autoridade absoluta nos assuntos religiosos, autoridade para estabelecer doutrinas, para ordenar e empossar ministros (os padres), para excomungar os membros considerados hereges, entre outras coisas. Aqueles que discordavam dos ensinamentos dela estavam sujeitos não só à excomunhão, mas também à própria morte.

O Evangelho de Jesus Cristo sempre produz liberdade. Os beemotes resistem ao evangelho e à verdade de Jesus Cristo e tentam aprisionar pessoas. Um beemote nega a liberdade religiosa, luta contra a existência da Igreja e tenta controlá-la.

Ao estudar as fortalezas, os santos precisam compreender que algumas delas podem recair na categoria de beemotes. Essas fortalezas não podem ser atacadas como outras por conta do tamanho e da magnitude de sua força. Seu tamanho pode ser considerado de forma geográfica, monetária, política e militar. Foram necessários muitos anos de oração para desmantelar o beemote do comunismo.

O homem, por sua força, não consegue domesticar ou capturar beemotes. Apenas Deus, que os criou, é capaz de domesticar e subjugar um beemote. É necessário ter paciência e persistência para derrubar um beemote. Muitas vezes é necessário fazer uso do jejum, da oração e do sacrifício pessoal.

Demônios marinhos

Ao homem foi dado domínio sobre os peixes do mar e sobre as aves do céu. Mas o homem perdeu esse domínio por causa do

174   Jejum - Progresso e libertação

pecado. Satanás entrou na terra mediante o pecado de Adão. A terra e o mar foram afetados pela Queda.

A classe de demônios que opera na água é a dos demônios marinhos. Demônios marinhos estão em posição bastante elevada nas fileiras do exército de Satanás e afetam a terra quando os homens os convidam com pactos ou decisões "conscientes" ou "inconscientes". Esses espíritos representam a bruxaria, a luxúria, a perversão, o assassinato, a morte, o orgulho, a rebeldia, a destruição e a ganância. Os litorais da terra são bastante vulneráveis a esses espíritos, e as igrejas que ficam nessas áreas precisam tomar ciência dessas atividades. Precisamos hoje do poder de Deus para salvar, assim como ele fez no início. As pessoas envolvidas na guerra espiritual não devem diminuir a importância dessas figuras no reino de Satanás.

A água é um símbolo de vida. Não existe vida sem água. Não deveria surpreender, portanto, que os demônios pervertem essa verdade e usam a água para trazer destruição. Em nossos oceanos, já vimos violência, sangue, assassinato, estupro, escravidão e roubo. Milhares de escravos foram jogados dos barcos que sustentavam o tráfico humano. A riqueza, incluindo ouro e prata, foi transportada pelos oceanos depois que as terras que a continha foram saqueadas. Muitas drogas ilegais também singram os mares. Os espíritos marinhos incentivam assassinatos e ganância; derramamentos de sangue causam a perversão das águas. Muitas águas foram contaminadas pelo sangue, o que fornece a força para os espíritos marinhos operarem. Já foram feitos muitos pactos com espíritos ligados à água (Isaías 28:17).

Os portos são entradas para cidades e países. Satanás sempre tenta se apossar desses lugares. Ele reserva alguns de seus demônios mais fortes para guardar essas entradas. Os portos controlam o fluxo de entrada e saída de uma região. Nós precisamos tomar do inimigo essas entradas. Precisamos ter comando sobre elas para permitir que entre o Rei da glória (Salmos 24:7).

Cidades litorâneas e países insulares são fortalezas para demônios marinhos.

Ai de vocês que vivem junto ao mar [...]
— SOFONIAS 2:5

Muitas cidades que se localizam próximas a grandes corpos hídricos são fortalezas de perversão, violência, vício em drogas, bruxaria e rebeldia. Cidades como Chicago, Los Angeles, Nova York, Amsterdã, Rio de Janeiro, Istambul, Cidade do Cabo e Mumbai são exemplos do mundo todo de cidades controladas por espíritos marinhos. Essas cidades são cidades de entrada que têm portos. Todas elas apresentam elevado grau de tráfego espiritual. Os espíritos marinhos precisam ser desafiados e amarrados, para que possamos ver um reavivamento nesses locais.

Espíritos representados por criaturas marinhas

- Espíritos controladores e influenciadores de mentes que têm forma de lula ou polvo. Esses espíritos possuem tentáculos que se enrolam na mente das pessoas, impedindo-as de pensar claramente. Esses espíritos causam muita confusão e impedem as pessoas de enxergar a verdade. São espíritos poderosos, o que, muitas vezes, exige jejum para serem removidos.
- Espíritos de luxúria e perversão costumam tomar a forma de sapos.

- O espírito do orgulho toma a forma de uma enorme serpente marinha, o leviatá.
- Alguns espíritos malignos são representados por peixes voadores e aves que nadam (Gênesis 1:20). Alguns pássaros vivem em região de água (cegonha e garça, ambas aves impuras — Deuteronômio 14:18).

Deus se enraivece com essas entidades que operam na água e vai julgar todas elas (Zacarias 10:11). Essas entidades orgulhosas precisam se curvar diante do poder de Deus. Nós podemos liberar o julgamento e a ira de Deus sobre elas.

Deus deseja libertar as pessoas controladas por esses espíritos. A água, que é um símbolo da vida, se transforma em morte pela ação desses espíritos. Pessoas sob a influência desses espíritos sentem como se estivessem afundando na água.

Há numerosas passagens nas Escrituras que se referem à libertação das águas, cheias e profundezas (Salmos 18:14-17; 69:1-2; 93:3-4; 124:4-5; 130:1; 144:6-7). Essas passagens podem ser usadas para expulsar demônios marinhos.

Pessoas amarradas pela perversão, pelo orgulho, pela luxúria e pela bruxaria costumam ser controladas por espíritos marinhos. É preciso romper todos os laços com o reino marinho e ordenar a expulsão dos demônios. Libere o julgamento escrito contra eles nas Escrituras e liberte essas pessoas da escravidão. Rompa os pactos com demônios marinhos feitos por ancestrais. Quebre as maldições do orgulho e da bruxaria, comuns aos espíritos marinhos. Rompa todos os laços com leviatá, Raabe e Babilônia. Libere a espada do Senhor contra eles e ordene que toda água maldita seque.

O jejum é outra ferramenta poderosa contra espíritos marinhos. Os espíritos marinhos são fortes e alguns só são derrotados com jejum.

Jejuando para derrotar as fortalezas na sua cidade e no seu país 177

Cem motivos para orar e jejuar por sua região

Você deseja ver mudanças em sua cidade, sua região ou seu país? Pois esse é um direito seu e herança que lhe cabe como filho ou filha do Rei. Quando você ora o Pai lhe dá nações como herança (Salmos 2:8). Suas orações têm o poder de mudar regiões inteiras (Eclesiastes 8:4).

1. Ore pela glória de Jesus.
2. Ore pela unção evangélica aumentar em sua cidade.
3. Ore pelo aumento do progresso apostólico dos fiéis.
4. Ore pelo aumento do louvor.
5. Ore pelo aumento dos milagres e do poder de Deus.
6. Ore para a imoralidade ser extinta da Igreja.
7. Ore para que as igrejas tenham líderes santos.
8. Ore pela melhora das finanças da igreja.
9. Ore pelo aumento das profecias em sua região.
10. Ore pelo aumento da libertação em sua região.
11. Ore pelo aumento do ensino de doutrinas sólidas.
12. Ore para que o reavivamento chegue aos jovens.
13. Ore pelo governo de sua região.
14. Ore pela destruição da bruxaria e da feitiçaria.
15. Ore pelo crescimento da Igreja.
16. Ore pela libertação da terra e da propriedade.
17. Ore pela união entre as igrejas.
18. Ore pela destruição da agressividade e da divisão.
19. Ore para que a carnalidade nas igrejas seja destruída.
20. Ore pelo surgimento de ministérios ungidos.
21. Ore pelo aumento da cura dos enfermos.
22. Ore pela pregação ungida da Palavra.
23. Ore pelo aumento das revelações.
24. Ore pela ordem nas igrejas.

Jejum - Progresso e libertação

25. Ore pelos pastores e suas famílias.

26. Ore para passarem a fazer parte do Reino.

27. Ore pelo casamento.

28. Ore pelos solteiros.

29. Ore por um reavivamento nas escolas e faculdades.

30. Ore pela repreensão da perversão.

31. Ore pela contenção da violência e da morte.

32. Ore contra a pobreza e a necessidade.

33. Ore contra o crime organizado e o vício em drogas.

34. Ore contra despejos e sequestros de propriedades.

35. Ore contra o terrorismo.

36. Ore contra desastres naturais.

37. Ore contra massacres causados por atiradores.

38. Ore contra a corrupção e o roubo.

39. Ore contra as doenças mentais.

40. Ore pelos sistemas de transporte.

41. Ore contra o imposto excessivo.

42. Ore contra os falsos ministérios em sua região.

43. Ore contra o espírito de controle que há nas igrejas.

44. Ore para que os que retrocederam voltem a Deus.

45. Ore para que o Reino aumente em sua região.

46. Ore para que as pessoas certas sejam eleitas.

47. Ore pelo derramamento do Espírito Santo.

48. Ore por milagres e visitas incomuns.

49. Ore pela conversão das massas.

50. Ore para que a mídia seja aberta às igrejas.

51. Ore para impedir e revogar leis pagãs.

52. Ore pela promoção dos justos.

53. Ore pela exposição dos perversos.

54. Ore pelo favor a igrejas e ministérios.

55. Ore contra bruxas e o ocultismo.

56. Ore pela intervenção angelical.

Jejuando para derrotar as fortalezas na sua cidade e no seu país   179

57. Ore por estratégias apostólicas.
58. Ore pelo aumento da sabedoria.
59. Ore para que o temor ao Senhor venha à sua região.
60. Ore por milagres criativos.
61. Ore pelo crescimento econômico de sua região.
62. Ore pelo surgimento de novas tecnologias.
63. Ore pela reconciliação entre as raças.
64. Ore contra o racismo e a injustiça.
65. Ore pela liberação de equipes esportivas apostólicas.
66. Ore contra o comodismo na Igreja.
67. Ore contra templos e religiões falsas.
68. Ore pelas viúvas.
69. Ore pelos idosos.
70. Ore pelos moradores de rua.
71. Ore contra o aborto e o assassinato.
72. Ore contra a gravidez na adolescência e a ilegitimidade.
73. Ore pela reconstrução do centro das cidades.
74. Ore pelos detentos.
75. Ore pelos ministérios emergentes.
76. Ore pela escola bíblica e pelo treinamento de ministros.
77. Ore por lojas e livrarias cristãs.
78. Ore pela manifestação de visões e sonhos.
79. Ore pelo aumento do amor.
80. Ore pelos ajudantes dos ministros.
81. Ore pelo ministério infantil nas igrejas.
82. Ore pela polícia e pelos bombeiros.
83. Ore pelas bases militares.
84. Ore pelos hospitais e asilos.
85. Ore contra o crime e o vício.
86. Ore pela restauração da família.
87. Ore contra o desemprego.
88. Ore pela segurança e proteção das cidades.

180   Jejum - Progresso e libertação

89. Ore para que projetos satanistas e demoníacos sejam expostos às claras.
90. Ore pelos ministros e cantores ungidos.
91. Ore pelos administradores das igrejas.
92. Ore pelas artes criativas e santas.
93. Ore pelo surgimento do novo.
94. Ore pela misericórdia de Deus sobre nossas cidades.
95. Ore contra o legalismo e a servidão religiosa.
96. Ore pela restauração da honra da Igreja.
97. Ore contra escândalos nas igrejas e nos ministérios.
98. Ore pela abertura dos portões para o Rei.
99. Ore pelos porteiros da cidade/região.
100. Ore por reavivamento.

Orações contra o terrorismo

Eu amarro e repreendo toda águia de terror que se abata contra meu país, em nome de Jesus (Jeremias 49:22).

Eu não temerei o pavor da noite (Salmos 91:5).

Eu amarro e repreendo todo terrorista que faça planos contra meu país, em nome de Jesus.

Eu amarro e repreendo todo espírito de ódio e de assassinato que se manifeste pelo terrorismo, em nome de Jesus.

Eu amarro e repreendo toda religião terrorista, em nome de Jesus.

Eu amarro e repreendo todo demônio jihadista, em nome de Jesus.

Eu amarro e repreendo todo espírito anticristo e ódio pelo cristianismo, em nome de Jesus.

Eu amarro e repreendo os terrores da morte, em nome de Jesus (Salmos 55:4).

Eu amarro todo medo e pânico nascidos do terrorismo, em nome de Jesus.

Livra-me, Senhor, dos maus; protege-me dos violentos (Salmos 140:1).

Eu removo os atos de violência, que estão nas mãos dos perversos (Isaías 59:6).

Sejam expostos e destruídos os bandos de homens cruéis (Salmos 86:14).

Não se ouça mais falar de violência em minha terra (Isaías 60:18).

Orações por seu país

Eu oro para os líderes de meu país virem à sua luz (Isaías 60:3).

Eu faço súplicas, orações, intercessões e ação de graças por todas as pessoas e líderes de meu país, para que tenhamos uma vida tranquila e pacífica, com toda a piedade e dignidade (1Timóteo 2:1-2).

Que nossos governantes sejam justos e governem com o temor de Deus (2Samuel 23:3).

Inclinem-se diante de Deus nossos líderes e sirvam meu país (Salmos 72:11).

Sejam libertados os pobres e oprimidos de meu país (Salmos 72:12-13).

Que se estabeleça o domínio do Senhor em meu país e os inimigos lambam o pó (Salmos 72:8-9).

Seja o coração de nossos líderes voltado para o Senhor (Provérbios 21:1).

O Senhor reina em meu país! Exulte a terra e alegrem-se as regiões (Salmos 97:1).

Cantem ao Senhor um novo cântico, habitantes desta terra! Bendigam o seu nome; cada dia proclame a sua salvação! (Salmos 96:1-3).

Que as pessoas de meu país tremam diante do Senhor (Salmos 99:1).

182 JEJUM - PROGRESSO E LIBERTAÇÃO

Que meu país saúde o Senhor, que meu povo o sirva com alegria (Salmos 110:1-2).

Que nossos líderes te rendam graças, Senhor, e saibam das tuas promessas (Salmos 138:4).

Seja a maldade extirpada da nossa terra (Provérbios 2:2).

Seja a maldade como o capim; logo secará, como a relva verde logo murchará (Salmos 37:2).

Que todas as pessoas de meu país se voltem para o Senhor em louvor (Salmos 22:27).

Do Senhor é meu país e tudo o que nele existe e os que nele vivem (Salmos 24:1).

Fiquem decepcionados todos os que adoram imagens em meu país. Prostrem-se diante dele todos os deuses (Salmos 97:7).

Que todos em meu país louvem o Senhor por seu imenso amor leal e fidelidade (Salmos 117:1-2).

Salva meu país, Senhor; faze-nos prosperar (Salmos 118:25).

Rogo para que meu país esteja sob o domínio e reinado de Cristo (Daniel 7:14).

Rogo para que meu país traga glória ao Reino (Apocalipse 21:24).

Rogo para que meu país se converta e traga riqueza ao Rei (Isaías 60:5).

Rogo para que meu país seja curado pelas folhas da árvore da vida (Apocalipse 22:2).

Rogo para que meu país proclame o louvor do Senhor (Isaías 60:6).

Rogo para que meu país veja a glória do Senhor (Isaías 35:2).

Que os surdos ouçam as palavras do livro e, não mais em trevas e escuridão, os olhos dos cegos tornem a ver (Isaías 29:18).

Jejuando para derrotar as fortalezas na sua cidade e no seu país 183

Rogo para que Jesus reine sobre meu país com retidão e justiça (Isaías 32:1).

Rogo para que meu país vá a Sião a fim de aprender e resolver contendas (Isaías 2:1-4).

Rogo para que meu país busque ao Senhor e nele descanse (Isaías 11:1).

Rogo para que a terra seca em meu país torne-se fonte borbulhante e todo lugar sedento tenha água (Isaías 35:7).

Rogo para que a glória do Senhor seja revelada a meu país e que todos a vejam (Isaías 40:5).

Que o Senhor traga retidão e justiça a meu país (Isaías 42:1).

Eu peço que o Senhor faça uma coisa nova em meu país, que forneça água no deserto e riachos no ermo (Isaías 43:19-20).

Que a paz (*shalom*) seja como um rio em meu país (Isaías 66:12).

Seja meu país banhado pelo sangue de Jesus (Isaías 52:12).

Que os filhos de meu país sejam ensinados pelo Senhor (Isaías 54:13).

Rogo para que meu país busque e encontre o Senhor (Isaías 65:1).

Rogo para que meu país seja cheio de sacerdotes e levitas que louvam o Senhor (Isaías 66:21).

Que o povo de meu país venha e se incline diante de mim (Isaías 66:23).

Que meu povo construa casas e nelas habite (Isaías 65:21).

Que meu povo plante vinhas e coma do seu fruto (Isaías 65:21).

Que meu povo esbanje o fruto do seu trabalho (Isaías 65:22).

Sejam os inimigos reconciliados em minha terra (Isaías 65:25).

184   JEJUM - PROGRESSO E LIBERTAÇÃO

Seja o meu país cheio do conhecimento da glória do Senhor (Habacuque 2:14).

Que meu país seja salvo e caminhe na luz de Sião (Apocalipse 21:24).

Que Deus tenha misericórdia de nós, nos abençoe e faça resplandecer seu rosto sobre nós, para que sejam conhecidos na terra os seus caminhos, a salvação em meu país (Salmos 67:1-2).

Que todo pacto com a morte seja anulado em meu país (Isaías 28:18).

Que meu país se volte para o Senhor e seja salvo (Isaías 45:22).

O Senhor desnudará seu santo braço à vista do meu país, e todos verão a salvação do Senhor (Isaías 52:10).

Que ele destrua todo véu que envolve meu país (Isaías 25:7).

Meu país é herança do Senhor; que ele a receba (Isaías 2:7-8).

Do Senhor é o reino; ele governa meu país (Salmos 22:28).

Que as pessoas que caminham em trevas em meu país vejam a luz; sobre os que vivem na terra da sombra da morte raie a luz (Isaías 9:2).

Que o reino e a paz (*shalom*) aumentem para sempre em meu país (Isaías 9:7).

Que aumentem a justiça e a retidão do Senhor em meu país (Isaías 9:7).

Que aqueles em meu país que não são do povo de Deus sejam chamados filhos do Deus vivo (Romanos 9:25-26).

Que justiça, paz e alegria no Espírito Santo se espalhem em meu país (Romanos 14:17).

CAPÍTULO 30

JEJUANDO PARA ALCANÇAR A UNÇÃO EM SUA VIDA

Como servos de Deus, recomendamo-nos de todas as
formas: [...] noites sem dormir e jejuns.
— 2Coríntios 6:4-5

O jejum é um dos meios pelos quais nos estabelecemos
como ministros de Deus. Todo fiel é um ministro. Todos
os fiéis ministram a salvação, a cura e a libertação ao próximo. O jejum é um dos meios pelos quais nos estabelecemos
como ministros de Deus. Espera-se que os ministros de Deus
jejuem. Um ministro que não jejua não se estabelece como tal.
O jejum é um dos meios pelos quais provamos ser verdadeiros
ministros de Deus.

O jejum deveria ser parte de qualquer ministério apostólico ou profético genuíno. Pessoas apostólicas e proféticas necessitam da graça que resulta do jejum para serem pioneiras e
alcançar progressos. O jejum ajuda a liberar revelações e visões
dos planos e propósitos de Deus.

O jejum dá força espiritual

O Senhor é a minha luz e a minha salvação; de quem terei temor? O Senhor é o meu forte refúgio; de quem terei medo?

— Salmos 27:1

A comida é o que nos dá força física. Quando jejua você está se privando daquilo que lhe dá força física. Em essência está dizendo: "O Senhor é a força da minha vida."

Como fiel e ministro de Deus, você precisa entender que não pode servir a Deus com as próprias forças. O jejum o ajuda a receber a força de Deus. Seu espírito se fortalecerá com o jejum, e isso vai ajudá-lo a superar a fraqueza da carne.

Eu recomendo que você jejue quando se sentir cansado e exausto, especialmente se isso se der por conta do ministério. O jejum dá um descanso ao seu sistema digestivo e ajuda você a superar a fadiga. O ministério distribui muita virtude ao próximo e é preciso ter cuidado para não começar a depender de sua força e de sua carne para realizar o ministério.

Jejum: nem só de pão viverá o homem

Assim, ele os humilhou e os deixou passar fome. Mas depois os sustentou com maná, que nem vocês nem os seus antepassados conheciam, para mostrar-lhe que nem só de pão viverá o homem, mas de toda palavra que procede da boca do Senhor.

— Deuteronômio 8:3

Deus fez o povo de Israel passar fome e o alimentou apenas com maná durante quarenta anos. Ele fez isso para mostrar que

Jejuando para alcançar a unção em sua vida   187

o homem não vive só de pão, mas de toda palavra que procede da boca do Senhor.

> Jesus respondeu: "Está escrito: 'Nem só de pão viverá o homem, mas de toda palavra de Deus.'"
> — Lucas 4:4 (ACF)

Jesus citou o versículo de Deuteronômio quando concluía seu jejum de quarenta dias, enquanto era tentado pelo diabo. Ao jejuar você está declarando: "Nem só de pão eu vivo, mas de toda palavra que procede da boca do Senhor."

O jejum ajuda a receber e a viver pela Palavra de Deus. O jejum ajuda a compreender e a receber a verdade profunda da Palavra. O jejum abre caminho para você caminhar na revelação profunda da Palavra. É exatamente o que você precisa para ser um eficiente ministro de Deus.

O jejum libera o Espírito Santo e aumenta a unção profética.

> E, depois disso, derramarei do meu Espírito sobre todos os povos. Os seus filhos e as suas filhas profetizarão, os velhos terão sonhos, os jovens terão visões.
> — Joel 2:28

O jejum ajuda a liberar o poder da unção profética em sua vida, por meio do Espírito Santo. Essa é uma das maiores promessas feitas pelo profeta Joel: que Deus iria derramar o Espírito sobre nós e que nós iríamos profetizar, ter sonhos e visões. O contexto desse versículo em Joel 2 mostra que o povo de Israel havia sido instruído a jejuar (ver versículo 12). Ao fim desse período de jejum, o Senhor faz a promessa

188   JEJUM - PROGRESSO E LIBERTAÇÃO

encontrada no versículo 28. Essa é a promessa do derramamento do Espírito Santo nos últimos dias. O jejum também ajuda a liberar visões e sonhos. A palavra do Senhor é saúde e vida para o espírito. O jejum libera o poder do Espírito Santo, para que os milagres aconteçam.

> Jesus voltou para a Galileia no poder do Espírito, e por toda aquela região se espalhou a sua fama [...] "O Espírito do Senhor está sobre mim, porque ele me ungiu para pregar boas novas aos pobres. Ele me enviou para proclamar liberdade aos presos e recuperação da vista aos cegos, para libertar os oprimidos."
>
> — Lucas 4:14,18

O jejum aumenta a unção e o poder do Espírito Santo na vida do fiel. O ministério de Jesus ficou repleto de poder depois do jejum. Ele curou o enfermo e expulsou demônios. Espera-se que todos os fiéis façam o mesmo (João 14:12). O jejum ajuda a ministrar a cura e a libertação às nossas famílias e àqueles que nos cercam. O jejum ajuda a caminhar no poder de Deus. O jejum libera a unção para os milagres acontecerem.

Declarações para liberar o dom da cura

Eu rogo que Deus possa me ungir e conceder virtude em minha vida — não só em minhas mãos, mas também em minhas vestes, para que, aonde quer que eu vá e encontre pessoas enfermas, elas sejam curadas quando eu as tocar.

Pai celestial, eu recebo a unção da cura em minhas mãos e em meu corpo. Que a virtude seja liberada através de mim e atrayés de minhas vestes. Que seu poder seja liberado através de mim, para que, aonde quer que eu vá, pessoas sejam curadas.

Pai celestial, aumenta tua virtude de cura em meu corpo e em minhas vestes enquanto jejuo e oro, para que, aonde quer que eu vá e quem quer que eu toque seja curado.

Eu acredito que milagres acontecerão em minha vida, em nome de Jesus.

Submetendo-se ao serviço de Deus

O povo está clamando por ti, Senhor. Abençoa-me como abençoaste Benjamim. Envia-me para a terra como capitão espiritual de teu povo, para que seja salvo das mãos do inimigo (1Samuel 9:16).

Tu me ungiste e me livraste das mãos dos meus inimigos, assim como fizeste pelo rei Davi (2Samuel 12:7).

Eu me levantarei e louvarei. Eu vestirei a roupa do Espírito Santo. Serei ungido ao louvar em tua casa. Eu comerei do pão da vida da refeição que me preparaste (2Samuel 12:20).

Volta tua face para mim, ó Deus, lembra-te da fidelidade ao teu ungido (2Crônicas 6:42).

Em teu amor pela justiça e ódio pela iniquidade, tu me escolheste dentre meus companheiros, ungindo-me com óleo de alegria (Salmos 45:7, Hebreus 1:9).

Tu aumentaste a minha força como a do boi selvagem; derramaste sobre mim óleo novo (Salmos 92:10).

Por amor ao teu servo, não rejeites o teu ungido (Salmos 132:10).

Meu fardo será tirado dos meus ombros e o meu jugo, do meu pescoço; o jugo se quebrará por causa da unção em minha vida (Isaías 10:27).

Orações para a unção pessoal

Assim como o Senhor deu uma unção específica a Arão, por conta dessa unção eu também recebi um dom ministerial específico, que foi dado como porção a mim e aos meus filhos (Números 18:8).

Sei que o Senhor dará vitória ao seu ungido; dos seus santos céus responde com o poder salvador da tua mão direita (Salmos 20:6).

Deus preparou um banquete para mim à vista dos meus inimigos. Ele me ungiu a cabeça com óleo e fez transbordar o meu cálice (Salmos 23:5).

O Senhor é minha força, a fortaleza que me salva como ungido (Salmos 28:8).

Assim como o cego que Jesus mandou se lavar em Siloé, vou ordenar que o poder da unção de Deus encha os servos e toque meus olhos, para que eu possa lavar-me e receber visão espiritual (João 9:11).

Senhor, teus olhos aprovem os fiéis desta terra, que habitemos contigo. Ajuda-nos a andar em vida íntegra para servir e fazer com que busquem tua unção (Salmos 101:6).

Pai, faze-me como Estêvão, homem cheio da graça e do poder de Deus, para que eu possa realizar grandes maravilhas e sinais entre o povo (Atos 6:8).

Eu permanecerei cheio do Espírito Santo e de fé; e muitas pessoas dirão que fui um homem bom e que, por causa de tua unção em minha vida, muitos sejam acrescentados ao Senhor (Atos 11:24).

Eu fui ungido para abrir-lhes os olhos e convertê-los das trevas para a luz, e do poder de Satanás para Deus, a fim de que recebam o perdão dos pecados e herança entre os que são santificados pela fé em mim (Atos 26:18).

Jejuando para alcançar a unção em sua vida 191

Dou graças a Cristo Jesus, nosso Senhor, que me deu forças e me considerou fiel, designando-me para o ministério (1Timóteo 1:12).

Eu opero milagres pela fé com a qual recebi a palavra, não pela prática da lei (Gálatas 3:5).

Deus me chamou e ele é fiel para fazer através de mim aquilo para que fui chamado (1Tessalonicenses 5:24).

Eu receberei poder para conceber a semente de sonhos, unção e dons que Deus colocou em mim. Com fé declaro que sonhos, unção e dons serão entregues porque Deus, que prometeu, me declarou fiel (Hebreus 11:11).

A unção que recebi dele permanece em mim e me ensina acerca de todas as coisas. A unção me revela a verdade, pois habito em Deus (1João 2:27).

Eu ofereço a Deus um sacrifício superior, porque fui reconhecido como justo. Testemunha os dons com que me ungiu, para que, quando eu esteja morto, por meio da fé eu ainda fale (Hebreus 11:4).

Pela fé obedecerei quando chamado e dirigir-me-ei a qualquer lugar que receba como herança (Hebreus 11:8).

Profetas sem honra: orações contra espíritos domésticos

E ficavam escandalizados por causa dele. Mas Jesus lhes disse: "Só em sua própria terra e em sua própria casa é que um profeta não tem honra." E não realizou muitos milagres ali, por causa da incredulidade deles.

— MATEUS 13:57-58

Espíritos de desonra operando contra mim em minha cidade, eu amarro e repreendo vocês, em nome de Jesus.

Espíritos de inveja e ciúme operando contra mim em minha cidade, eu amarro e repreendo vocês, em nome de Jesus.

Todos os espíritos de familiaridade que me veem pelos olhos físicos em vez do Espírito, eu amarro e repreendo vocês, em nome de Jesus.

Todos os espíritos de incredulidade em meus dons, meus clamores e minha unção, eu repreendo vocês, em nome de Jesus.

Eu repreendo os demônios em minha cidade que me são familiares e que se opõem e lutam contra mim.

CAPÍTULO 31

MANTENDO O PROGRESSO E A LIBERTAÇÃO

Portanto, se o Filho os libertar,
vocês de fato serão livres.
— JOÃO 8:36

Os períodos de oração e jejum são parte importante da vida de um fiel, especialmente daquele que está envolvido em um ministério de libertação e que busca libertação para si próprio. O jejum conduz à vitória e à libertação das fortalezas e traz grandes medidas de força e maturidade espiritual. A libertação vem de Deus e é parte da bênção que é ter uma aliança com ele. Ela destrói apenas o que é maligno, sem nunca destruir o que é do Espírito Santo. Como a salvação é obra do Espírito Santo, ela constrói os santos e ergue a obra de Deus. A libertação vai fortalecer e preparar você para uma manifestação ainda maior do poder de Deus. O jejum traz progresso e libertação. Depois do jejum, é importante continuar a viver a vida a partir do novo lugar de liberdade recém-adquirido.

194 JEJUM - PROGRESSO E LIBERTAÇÃO

Uma das chaves para realizar a manutenção da libertação pode ser obtida depois de um período de jejum e oração ao pôr em prática o dom espiritual do autocontrole. O jejum e a oração fornecem o discernimento e a força necessários a fim de que você fique atento para identificar e erradicar as áreas de sua vida que estão fora de controle. Não volte a ter um estilo de vida que lhe faça influenciável, desordeiro, sem controle, rebelde, incontrolável, ingovernável, impossível de gerenciar, indisciplinado. O Espírito Santo é sua bússola e sua lente de aumento nesse quesito. Qualquer estilo de vida indisciplinado vai fazer você voltar à servidão. Não existem libertação e liberdade duradouras sem disciplina.

> Como a cidade com seus muros derrubados, assim é quem não sabe dominar-se.
> — Provérbios 25:28

A Bíblia ACF traduz Provérbios 25:28 assim: "Como a cidade derrubada, sem muro, assim é o homem que não pode conter o seu espírito." As cidades sem muros estavam sujeitas a invasões e ataques de forças externas. Uma pessoa sem autocontrole está aberta para os demônios.

Para manter a libertação, você precisa ter autocontrole nas seguintes áreas:

1. **Pensamento.** Filipenses 4:8 diz: "Finalmente, irmãos, tudo o que for verdadeiro, tudo o que for nobre, tudo o que for correto, tudo o que for puro, tudo o que for amável, tudo o que for de boa fama, se houver algo de excelente ou digno de louvor, pensem nessas coisas."
2. **Apetites.** Provérbios 23:2 diz: "[...] e encoste a faca à sua própria garganta, se estiver com grande apetite."

Mantendo o progresso e a libertação   195

3. **Fala.** Provérbios 25:28 diz: "Como a cidade com seus muros derrubados, assim é quem não sabe dominar-se."
4. **Comportamento sexual.** 1Coríntios 9:27 diz: "Mas esmurro o meu corpo e faço dele meu escravo, para que, depois de ter pregado aos outros, eu mesmo não venha a ser reprovado."
5. **Emoções.** Provérbios 15:13 diz: "A alegria do coração transparece no rosto, mas o coração angustiado oprime o espírito."
6. **Temperamento.** Eclesiastes 7:9 diz: "Não permita que a ira domine depressa o seu espírito, pois a ira se aloja no íntimo dos tolos."

Eis como você pode adquirir e manter o autocontrole e, consequentemente, manter-se livre da servidão:

1. Leia a Palavra de Deus todo dia.
2. Encontre um grupo de fiéis, de preferência uma igreja, e reúnam-se regularmente para louvar, estudar e ministrar.
3. Ore com entendimento e em línguas.
4. Declare o sangue de Jesus sobre si mesmo e sobre sua família.
5. Identifique tanto quanto possível os espíritos que foram expulsos de você. Faça uma lista, pois Satanás vai tentar voltar.
6. Os demônios retornam quando se vive uma vida de pensamentos relaxados e indisciplinados. A mente é o campo de batalha. Destrua toda imaginação e submeta todo pensamento em obediência a Cristo (2Coríntios 10:5).

196   Jejum - Progresso e libertação

7. Ore com vontade ao Pai, pedindo que ele o faça alerta, sóbrio e vigilante contra pensamentos malignos (1Pedro 5:8-9).

8. Os demônios indicam a aproximação quando os antigos padrões de pensamento começam a tentar retornar. Quando isso acontecer, repreenda-os imediatamente. Declare verbalmente que você os recusa, o mais rápido possível.

9. Você tem a autoridade de libertar os anjos do Senhor para lutar contra os demônios (Mateus 18:18; Hebreus 1:14). Amarre os demônios e solte sobre eles os espíritos de destruição (1Crônicas 21:12), de queima e condenação (Isaías 4:4) do Senhor Jesus Cristo. Solte os anjos guerreiros sobre os demônios.

Limpeza do lar

Há momentos em que seu lar se torna a morada do mal ou de atividades perversas. Às vezes as forças da escuridão entram em seu lar através de práticas ou comportamentos que você permitiu, ou que lhes foram forçados. Mas também podem existir espíritos herdados de inquilinos anteriores. É bom realizar uma limpeza espiritual da casa quando o Espírito de Deus assim orienta.

Talvez você sinta um forte senso de discernimento e de alerta no espírito depois de passar por uma libertação pessoal na igreja, em seu grupo de oração ou durante períodos de jejum e oração. Pegue um pouco de óleo de unção e passe dentro de sua casa declarando as Escrituras e/ou orações como as encontradas neste livro que se aplicam aos espíritos indicados pelo Espírito Santo. Se você for um fiel recém-convertido, re-

Mantendo o progresso e a libertação　　　197

comendo que você peça para um fiel mais experiente ou a um ministro de libertação da igreja acompanhar a revista da casa expulsando e removendo os espíritos. Acredito que a força está na quantidade. É uma boa ideia, quer você seja novo na fé ou não, ter outros fiéis em sua companhia, especialmente se a casa passou por algum problema anteriormente.

Eis o que o ministro de libertação Win Worley diz a respeito:

> Algumas casas e alguns apartamentos precisam ser limpos dos maus espíritos. É recomendável investigar carros, casas e apartamentos usados porque, se o dono anterior tinha um tabuleiro Ouija ou qualquer outra parafernália ocultista, ou tenha se envolvido em profunda servidão ao pecado, então existem motivos de sobra para suspeitar de algum espírito maligno que tenha ficado para trás.
>
> Os fiéis podem adentrar os recintos lendo versículos das Escrituras em voz alta e em uníssono. Ore pedindo discernimento e peça que Deus revele os objetos que precisam ser removidos e destruídos. Procure por coisas como ídolos, incensos, estátuas de Buda e outras; objetos feitos à mão vindos da África, do Oriente ou de outro país estrangeiro; tabuleiros Ouija, qualquer coisa relacionada à astrologia ou horóscopo; materiais de adivinhação, livros e objetos relacionados à bruxaria; amuletos da sorte, livros sobre seitas, discos de *rock* e assim por diante. Em alguns casos, deve-se ungir o batente das portas e das janelas. Não se esqueça de olhar os lugares escuros onde os espíritos gostam de se esconder, como armários, sótãos, porões, espaços apertados, gaveteiros etc.[1]

Meditar na Palavra impede
que você volte a ser oprimido

Quando se alcança a libertação, seu espírito se torna vivo nas coisas de Deus. A meditação impede que você volte a um lugar de escuridão e de opressão que o afasta de Deus. A meditação mantém sua posição de morador da vinha — o lugar de abundância e de vida. A meditação na Palavra de Deus também é um ato de manter-se constantemente diante da imagem e do caráter de Deus. Meditar traz vida ao seu corpo mortal (Romanos 8:11) e o mantém em um estado de constante crescimento e realização em Cristo. Ao contemplar a glória de Deus, nós vamos de glória em glória e fé em fé (2Coríntios 3:18). Ao meditar na Palavra de Deus, nós nos transformamos e ficamos imunes às armadilhas do inimigo.

Declarações de meditação

Meditarei em todas as tuas obras e considerarei todos os teus feitos (Salmos 77:12).

Meditarei nos teus preceitos e darei atenção às tuas veredas (Salmos 119:15).

Mesmo que os poderosos se reúnam para conspirar contra mim, ainda assim o teu servo meditará nos teus decretos (Salmos 119:23).

Sejam humilhados os arrogantes, pois me prejudicaram sem motivo; mas eu meditarei nos teus preceitos (Salmos 119:78).

Fico acordado nas vigílias da noite, para meditar nas tuas promessas (Salmos 119:148).

Eu me recordo dos tempos antigos; medito em todas as tuas obras e considero o que as tuas mãos têm feito (Salmos 143:5).

Mantendo o progresso e a libertação 199

Eu sou diligente nessas coisas; dedico-me inteiramente a elas, para que todos vejam o meu progresso (1Timóteo 4:15).

Como eu amo a tua lei! Medito nela o dia inteiro (Salmos 119:97).

Minha satisfação está na lei do Senhor, e nessa lei medito dia e noite (Salmos 1:2).

Faze-me discernir o propósito dos teus preceitos, então meditarei nas tuas maravilhas (Salmos 119:27).

Eu me recordo dos tempos antigos; medito em todas as tuas obras e considero o que as tuas mãos têm feito (Salmos 143:5).

A ti levanto minhas mãos e medito nos teus decretos (Salmos 119:48).

Um livro como memorial a mim foi escrito na presença do Senhor acerca dos que temem ao Senhor e honram o seu nome (Malaquias 3:16).

Não deixarei de meditar no Livro da Lei de dia e de noite (Josué 1:8).

Notas

Capítulo 9 — Jejuando para quebrar os espíritos da procrastinação, da passividade e da preguiça

1. Jean Calvin, *Institutes of the Christian Religion, volume 1* (n.p.: Hardpress, 2013), 296.

Capítulo 11 — Jejuando para alcançar a libertação da amargura, da raiva e da falta de perdão

1. Dicionário de concordância Strong, verbete *"marah"*, acessado em 10 de setembro de 2015, disponível em <http://biblehub.com/hebrew/4784.htm>.

Capítulo 12 — Jejuando para alcançar a vitória contra a ansiedade e a depressão

1. Anthony L. Komaroff, "The Gut-Brain Connection", *Harvard Health Letter*, acessado em 1º de setembro de 2015, disponível em <http://www.health.harvard.edu/diseases-and-conditions/the-gut-brain-connection>.

202

2. Adam Hadhazy, "Think Twice: How the Gut's 'Second Brain' Influences Mood and Well-Being", ScientificAmerican.com, 12 de fevereiro de 2010, acessado em 1º de setembro de 2015, disponível em <http://www.scientificamerican.com/article/gut-second-brain/>.

Capítulo 14 — Jejuando para superar um passado doloroso

1. Dicionário Merriam-Webster Online, verbete "trauma", acessado em 1º de setembro de 2015, disponível em <http://www.merriam-webster.com/dictionary/trauma>.

Capítulo 16 — Jejuando para alcançar a vitória contra a gula

1. Brett e Kate McKay, "The Virtuous Life: Moderation", ArtofManliness.com, 27 de abril de 2008, acessado em 1º de setembro de 2015, disponível em <http://www.artofmanliness.com/2008/04/27/the-virtuous-life-moderation/>.

Capítulo 20 — Jejuando para romper o poder da bruxaria, do controle mental e dos laços impuros da alma

1. Derek Prince, "The Seeking of Control", acessado em 10 de setembro de 2015, disponível em <www.scribd.com/doc/32202545/The-Seeking-of-Control-Rev-Derek-Prince>.

203

Capítulo 22 — Jejuando para superar o espírito da carnalidade e da indecisão

1. Bruce E. Levine, "How Teenage Rebellion Has Become a Mental Illness", AlterNet, acessado em 10 de setembro de 2015, disponível em <http://www.alternet.org/story/75081/how_teenage_rebellion_has_become_a_mental_illness>.

Capítulo 24 — Jejuando para superar o ciclo vicioso do retrocesso

1. Dicionário de concordância Strong, verbete "*meshubah*", acessado em 3 de setembro de 2015, disponível em <http://biblehub.com/hebrew/4878.htm>.

2. Dicionário de concordância Strong, verbete "*sarar*", acessado em 3 de setembro de 2015, disponível em <http://biblehub.com/hebrew/5637.htm>.

3. Dicionário de concordância Strong, verbete "*shobab*", acessado em 3 de setembro de 2015, disponível em <http://biblehub.com/hebrew/7726.htm>; verbete "*shobeb*", acessado em 3 de setembro de 2015, disponível em <http://biblehub.com/hebrew/7728.htm>.

Capítulo 29 — Jejuando para derrotar as fortalezas na sua cidade e no seu país

1. Dicionário Merriam-Webster Online, verbete "behemoth", acessado em 8 de setembro de 2015, disponível em <http://www.merriam-webster.com/dictionary/behemoth>.

Capítulo 31 — Mantendo o progresso e a libertação

1. Win Worley, *Battling the Hosts of Hell* (n.p.: H.B.C. Publications, 1976).

Este livro foi impresso em 2023, pela Assahi, para a
Thomas Nelson Brasil. A fonte usada no miolo é
Agaramond, corpo 12/15. O papel do miolo é Pólen
Natural 70g/m², e o da capa é cartão 250g/m².